神の満ちる星の話

白光出版

序文

ローマは一日にして成らず、という諺がある。人もまたこの五十年、百年で完成するわけではない。過去生（幾重にも重なった前世）の長い修練をへて、大成してゆく。

今生で悟れなかったとしても恥ではない。未来を目指して、人は大いなる可能性を完《まっと》うすべく、切磋琢磨して励んでゆけば、大目的を達成できる。

五井先生は、修行のために出家しなくとも、家庭を持ち仕事を持ちながら、現代人にできる道を開拓してくださった。

私たちはその道を進んでゆけば、自分自身の救いを完うでき、その上、世界平和実現のためにもなる生き方ができる。

その道は複雑難解なものではない。単純明快な道である。その志があれば、誰でも歩いてゆける道である。

21世紀に突入した宗教、そして宗教者（宗教を信じ行じている者）の、まず第一にしなければならないことは、地球とその人類を滅亡させてはならない、という一事にある。

宗教宗派の勢力争いによって、人類を分断と諍いに誘い込み、互いに戦わせ、殺し合わせてはならない。それが人類をさらに大きな戦争へと巻き込み、そして人類の不調和な波動がもたらす天変地変によって滅亡へと向かわせることになる。

幽界という、潜在意識の奥にある人類共通の意識層に溜まった憎悪や恨みは、大きな塊となって人類と地球を飲み込もうとしている。

目には見えないこの想念所行の波動を、宗教者がその神に、その仏に一心に祈って、神と一体となり仏と一体となって、汚れきった波動を浄め去らなければならない。

宗教組織の維持とか、教えの普及は二の次である。五井先生はすでに肉体界を去ったが、今も地球と人類の将来を憂え、神々仏如来とともに大いなる光明を尽十方に放ち、救世の仕事をしていらっしゃる。世界人類が平和でありますように――この祈りに全身全霊を込めている。

私たちはそれを知って、この一行の平和の祈りにいのちを込め、すべてのエネルギーを注ぎ入れて祈っている。

時間はたいへんかかるけれど、かくしてローマはなり、世界人類の平和は達成されるのである。

平成二十九年三月　　　　高橋英雄

神の満ちる星の話　目次

序章　人類の大犠牲者

あゝ偉大なる魂よ

あゝ偉大なる魂よ
わが魂の親　五井先生
なんべんもなんべんもそう云いあらわし
頭をたれて五井先生を拝します
五井先生をたたえます

あゝ偉大なる魂よ
地球をつつみ宇宙にひろがる心とお体をもつ五井先生
人類も地球も宇宙もその慈愛の被護のもと
今日まで無事生存し調和を保ちつづけて来られました
五井先生のすべてを捧げつくした御《み》わざによって
私たちは生かされ地球は亡びることを免れています
五井先生のお働きをたたえます
五井先生は偉い
五井先生はすごいです

あゝ偉大なる魂よ
変ることなく我らを平和と光明へ導き
人類の平安のためにお使い下さい
地球平和顕現のためにお使い下さい

私の中からあふれ出る勢いがあって
私をして原稿を書かせています
どうかみ心のままにペンを走らせて下さい
いまだ五井先生を知らない人たちに
五井先生の素晴しさを知らせることが出来ますように
五井先生の存在がすべての人に親しい存在になりますように
そして子どもが母を呼ぶように
五井先生を呼んで心の平安とよろこびを得て
勇気と希望をもって
この世を生きることが出来ますように
私の希望はそのこと一つであります

神

あゝ偉大なる魂よ
わが魂の親　五井先生
心より心よりほめたたえ
御名をあがめます

五井先生の御名は永遠です
光の道となって人類を導き給う

私の使命

数少ない五井先生の直弟子である私の使命は、五井先生を語ることであり、五井先生を自分自身の上に現わすことである、と思っております。

五井先生を語るには、しゃべることと書くことと二つあります。しゃべれなくなっても、書くことはできますから、その発表の場がありますから、私は終生これをつづけてゆきます。申すまでもなく、五井先生は私の人生の唯一の師匠であり、私の生きた手本であり、目標であります。

19世紀インドのカルカッタの聖者、ラーマクリシユナのような純一無雑なる、神への傾倒。浄土真宗の親鸞のような、師の法然上人への〝たとえ上人にだまされて地獄に堕《お》ちるとも可なり〃という絶対なる信。

師の法話を傾聴するときには、背中のできものを手術されても痛みを一つも感じなかったというほどの阿難の、釈尊への没我、全身投入。

それらを見習いつつ、五井先生と一つになりたい、と思って、五井先生を一生懸命お呼びし、五井先生の中に入っております。

五井先生の五か条

私は五井先生を鑽仰すること限りなく、讃美することにきりがありません。他人が聞くと「またか」と虫酸が走るほどだと思います。けれど私は人になんと言われようと、五井先生を鑽仰しつづけます。それが私の使命であり、私の命が最も喜ぶことだからであります。

ある日、「凡夫易行実践五か条を教えてください」と、五井先生あてに手紙で質問が来ました。

五井先生は次のように五か条をすぐおあげになりました。

一、肉体の自分では何事もなし得ないのだと、徹底的に知ること。

二、なんて自分はだめなんだろう、と思ったら、すぐそれは過去世の因縁の消えてゆく姿と思い、世界平和の祈りをすること。

三、たゆみなくつねに祈ること。

四、何事も自分がやるのではなく、神さまがやってくださるのだ、と思うこと。
五、朝起きたら祈り、夜寝る前、少し時間をかけて祈ること。そうすると自然と臍下丹田《せいかたんでん》に息がおさまる。

第一条にあげた「肉体の自分では何事もなし得ないのだ、と徹底的に知ること」とおっしゃったあとに、「これがわかったら悟ったと同じだ」と先生はおっしゃっていました。それほど重要なことでして、肉体の人間では何事もなし得ない、ということに徹底されたのが五井先生でした。そういう風に思わざるを得ない事実に、何回もぶつかって、そう思うようになられたんだと思います。

肉体の人間だけでは何もできないとわかって、神さま！　と神さまの中に飛び込んでゆかれた。そしてひたすら神さまを想いつづける、ということをなさった。

船が一航海を終えて港に帰ってくると、船底から船腹に、貝がらがビッシリとついていると言います。それをそぎ落して、ペンキをぬり直して、また新しい航海へ出るわけでありますが、五井先生はご自分につく、少しの肉体人間観という貝がらを、毎日、内省してそぎ落としておられたと思います。

人間は肉体である、という想いから人類はなかなか抜けられません。

どんな聖者も、肉体を持ち肉体世界で生きている以上、肉体世界の様々な波動がふれてくるわけですから、汚れないわけがありません。それを放置しておけば即《そく》、死につながるのが聖者です。

五井先生は厳しく内省して、肉体人間の習慣の想いを浄めておられました。五井先生ですらそうなのか、と思うほど、先生は内省のことを皆の前で、サラリとお話なさっておられました。それを伺い、私は感動したものです。

今回は、私の知れる限りでの、五井先生の肉体人間観からの脱皮をお話したいと思います。先生は何回となく脱皮されています。

個人の五井昌久は死んだ

第一回目は〝神さま神さま、どうか神さまの為に私をお使いください〟とつねに祈って、あちこちの人に頼まれては病気治しをしていたときのこと。中川の土手をいつものように、神さま神さまと思いながら歩いていた。突如天から〝汝のいのちはもらった、覚悟はよいか！〟という雷のような声がひびいてきた、咄嗟に〝はい、どうぞ、お使いください〟と命をさし出された。このとき以来、個人の五井先生は死んでしまった、と自叙伝に書かれています。

それからお金を一銭ももらわず、病気治しばかり、宗教の話ばかりしている先生に、お母さんからクレームがついたのです。

「それではいけない。ちゃんと働いてお金をもらい、余暇に病気治し、宗教の話をしたらいい」と諭《さと》されました。

それももっともと職探しが始まって、結局、中央労働学園の出版部に勤めるようになりました。勤めている間に、霊的訓練が始まった。普通で言えば、おかしくなってき始めたわけです。

だんだん肉体人間を離れて、常軌を逸してきた、常識を逸脱するような生き方になってきました。出版部の校正をやっていても、自然と手が動きだし、自動書記が始まり、校正ができなくなってきました。ついに学園も辞めて霊修行一本になった。心霊側から〝これから想念停止の修行をする〟と言われ、街の中に出たわけで、街の中を心の中にひびいてくる心霊の声に動かされて、動物園の檻の中のライオンや熊のように、行ったり来たりする修行が始まりました。

そのときは御飯も食べない、水は摂ったようですが、断食状態が約3か月ぐらいつづいたと言います。けれどこのときはからだを霊側に預けっぱなしだったので、ひもじくもなんとも思わなかったそうです。からだは普通の状態ではなかった。この頃が肉体人間観からの第二の脱皮でした。

その頃のことか、あるいはそれより前の時期か？　こういうことがあったそうです。

「鏡を見なさい。お前は自分で目を動かせるか？　動かないだろう？　今、お前の右目だけを動かして見せる、よく見ているとよい」

と言われるや否や、右の目だけがグル〳〵回りはじめた。

「どうだ！　肉体の人間は自分のからだと思っているが、自分の目を動かすことすらできない。

神と言わなくても、霊にとってもそんなことは簡単にできるんだ！　わかったか！」と言われたといいます。

息をするのも、心臓を動かすのも、すべて肉体人間の力でやっているのではない、とこのとき、先生は思い知られたのでした。

そして様々な出来事があったけれど、それを乗り超えて、ついに先生の中で天と地が一つになった、直霊と一体となった直接体験によって、五井先生は神を知りました。空観《くう》が成功したんだ、と先生はおっしゃっています。言うなれば肉体人間観を完全に脱皮しました。これが脱皮の三回目。

それから人を救うという仕事に挺身されたわけです。その13年後、昭和37年になり、イエス・キリストと合体し、老子と合体して、先生は肉体人間観をさらにさらに脱皮してゆかれました。

老子と合体したとき、〝汝の空《くう》いまだ浅し〟と一喝された。そのことによって先生の空は、ぐっと深まり、空の奥のまた奥の〝空々寂々空寂々〟という心境に進まれました。これが四回目の脱皮。

この老子の一喝によって、先生は厳しい愛とやさしい愛とを、自由に使いわけられるようになった、といいます。

それからまた10年くらいたって、昭和48年頃でしょうか、宇宙天使の長老から〝あなたもよくご存知でしょうが、あなたは過去においてもう死んでいるんです。肉体は無いんです。

もう一回、肉体人間観より脱皮してください〟と丁寧に言われて、五井先生はそこで肉体人間観を完全に脱皮されました。これが五回目。

そうしたらその頃から、昼夜を問わず押し寄せる人類の業を浄めるために、痰と咳がますます激しくなり、眠ることができなくなりました。

人類の業想念がどんなに押し寄せても、先生はのれんに腕押しで、一つもそれに抵抗することなく、すべて神さま方にまかせておられ「肉体を浄めの器として使われることは有難い」と感謝されていました。

神波動を封印

五井先生には奥の手というのがありました。肉体に人類的、地球的な業が押し寄せたとき、先生は奥の手を出して、バッと肉体波動をなくして、神波動になってしまう、という離れ技で、業を浄めておられました。

ところが「それでは浄めにならないと、神々が言うんだよ。肉体界にいて、先生の肉体を通して、痛い、苦しい、つらいという体験をしないと、業は消えないので、奥の手は使わないでください。肉体のはしに止《とど》まってください、と頼まれたんだ」

ということで、先生は奥の手をみずから封印し、肉体のはしに止まって、業を受けることになったということです。これが六回目の脱皮となります。

五井先生の受ける肉体的苦しみ、痛み、辛さというのは、それは容易なものではなかったと思います。四六時中涌いてくる痰を出すための咳、これでからだ中の筋肉はコチコチにこわばり、猛烈な胃痛となり、さすがの先生も唸っておられました。そして胃の中から黒いものを吐き出す、という状態にまでなっていました。夜は一睡もできない。昼間トロトロとすると、すぐ咳が出る――この繰り返しで痩せ細りました。

もし私が受けたら、忽ち息がつまって、一瞬のうちに死んでしまうことでしょう。狂い死にしたかもしれません。そういうものすごいものだった。

神々は、五井先生に肉体人間観を次々と脱皮させ、空々寂々になってもまだ足りない。まだ神の大浄めの役に立たない、ということで、肉体を持ちながら肉体人間観を完全に脱皮させた、ということは、肉体の五井先生は死んでいたということです。

宇宙天使からの予言がありまして、たしかに五井先生は死んでいたのです。けれど死なずに肉体界に止まり、それから5年間、ふとんから一歩も出られない状態を「お床《とこ》の中の漢《おとこ》」と、先生自身は冗談でおっしゃっていましたが、夜も昼もない、ものすごい浄めを神さま方は肉体を通してなさいました。

偉大なる犠牲

五井先生の徹底した肉体人間観からの脱皮は、ひとえに人類の大浄めをさせるためだったのでした。普通で言えば五井先生は、大犠牲となったのです。

イエス・キリストは半日の磔《はりつけ》の苦しみでしたけれど、五井先生は神我一体となられてからこの肉体世界を去るまで、31年間磔にかかりっぱなしでした。人類の大犠牲となられたわけです。

こういう五井先生の大犠牲があって、今日の地球人類がある、地球が無事存在していると は、私たち以外に誰も知りません。

五井先生に奥の手を使わさせず、肉体界のはしに止まらせて、人類の業想念を浄めるために、地球と人類を滅亡させないために、神は五井先生より肉体人間観をまったく削り落したのでした。

もし少しでも肉体人間観が残っていると、それに業がひっかかりますから、先生の肉体は亡びてしまっていたことでしょう。肉体人間観を完全に払拭していたからこそ、人類の業想念は光の五井先生に集められて消滅していったのです。それで人類も地球も滅亡することから免れたわけです。

五井先生のこういう成し遂げられた偉業のすごさを、誰も言わないけれど、これが真実なのだ、と私は思っています。

だから神々の五井先生に対する評価は絶大なるものだ、と察するのです。救世主霊団の中心に立つ白光として、五井先生は特別に認められている、と私は思っています。認めない神霊がいたとしたら、その神霊は肉体を持つ人間の素晴らしさを知らないハナカミです。

しかしこのような五井先生の偉大なる働きと、偉大なる存在はまだ、誰もわかっておりません。これからの私たちの努力によって、地球人類に五井先生の名前が知れわたり、浸透してゆき、人類がこぞって五井先生をたたえ、五井先生の名を呼ぶようになる日が来ることを願っています。そのほうがいまだ混沌たる世界人類の目覚めが早められる、と思うからです。

信仰を持つ人はその信仰に火がつき、祖師や宗祖の光や存在を、身近かに感じられるようになると思うからです。信仰のリバイバルが起ると思うからです。

信仰を持たない人は、宗教宗派にとらわれず五井先生をほめたたえ、愛することによって、仰ぐことによって、希望と平和が等しくもたらされると思うからです。

第1章　遠い星から来た者たち

地球もまた波動体である

宇宙は今も膨張しつづけているという。膨張しているということは、今も創造活動を止めることなく、進化向上している、ということである。

この創造活動に終りはない。太陽系宇宙の中の地球も、大宇宙とともに創造活動をつづけ、進化向上をつづけているということだ。

ということは、地球上に生きる地球人類も、地球と同じように、たゆまざる創造活動をつづけ、進化向上をしているのだ。

地球が、宇宙が、進化向上しつづけているのに、人類のみが石器時代と同じような状態に止まり、進化向上していないとすると、人類はどうなってしまうのか？　住むところがなくなってしまう。人類だけが浮いた存在になってしまう。浮いた存在になって、浮草のように宇宙をさまようようになってしまうのか？

そうなったら滅亡するしかない。地球人類も、宇宙とともに、地球とともに進化向上しなければ、人類はこれから生きてゆけない、ということである。

人間は肉体だけでなく、肉体の他に肉体より微妙な幽体があり、それよりももっと精妙な波動の霊体があり、霊体より更にもっと微妙な波動の神体がある、と五井先生より教えられている。

それと同じように、地球も生ける一つの生命体であって、われわれの目に見える地球は、われわれの肉体にあたる。その物質波動の奥に、分子・原子・素粒子とだんだん微妙になって、瞬間に生じ、瞬間に消える不可視の粒子があり、その粒子から成り立っているのが、地球の幽体である。その幽体よりもっと精妙なる波動体が地球の霊体。その霊体より更に微妙なる細かい波動体が地球の神体。大まかに言ってこの四つのからだから、地球も成り立っているのだ、と教えてくれたのが五井先生。その四つのからだを結合したのを地球霊王と呼んでいる、とも教えてくださった。

金星や水星や火星や土星や木星なども、地球と同じように、肉眼に映る物質波動体ばかりでなく、幽体、霊体、神体と仮に呼ばれる精妙微妙なる波動体をまとっている、生きた生命体である、ということを教えられた。

地球の霊体神体と金星の霊体神体とはつながっており、一つの通路があるようだ。この通路を通して遊星同士は交流している。見た限りは離れ離れであるが、実は一つの大きな目的を持った橋、通路によって結ばれ、各遊星の完成のために援助しあっている。その援助の一つにUFOの存在がある。

宗教家は霊界や神界の存在は認めるけれど、地球以外の星にも知的霊的存在があることを認めない。そしてその知的生命体は、地球人類の考えも及ばないほど、科学的にも霊的にも進歩している。わかりやすく言えば、釈迦やキリストや老子以上の、優れた存在ということである。

五井先生の世界は、一つの宗教、信仰という小さな枠の中にはない。宗教という知的霊的活動は、地球上の言葉であって、他の遊星天体にはないのだ。一つの生活信条のようなものとして残っているようであるが、主流ではない。

主流はそうした精神波動と科学とが、まったく一つになった文化であって、その文明文化が各星の完成を促し、そして大調和して完成した星々として存在している。

銀河系宇宙をはじめ、他のさまざまな完成し調和した宇宙と連携し、いまだ未開発の星を援助しているという。

地球は未開発で、すでに完成し大調和した金星や水星、木星や土星などの援助の働きかけを受けて、今、開発途上である。各星からの援助の一端として、金星から世界平和の祈りという援助の波動が、地球に授けられ、今、着々とその成果を現わしつつある。

その進み具合は、私たち人間の目から見ればなんとも遅いように見えるが、何しろ何億年という長い長いスパンで始められているので、大宇宙の目から見れば、いい按配に進んでいるのだ。

みな金星から派遣されてきた

五井先生という光明体も、キリストという光明体も、釈迦の光明体も、老子の光明体も、弘法大師や法然や祖師がたの光明体も、みな金星から派遣されて来ている。

この本の読者の皆さんがたも、地球人という肉体の衣を身に着けてはいるが、実は、五井先生などとともに、金星や水星や、他の完成した星から派遣されて来た、いわゆる宇宙人かもしれない。

だから五井先生に魅かれ、この本を手に取られたのだ。

宇宙が限りなく広がり、進化向上していると同時に、この宇宙に生きている生命体として、五井先生も限りなく大きく大きく広がり、絶えず愛と調和の創造活動をつづけながら、存在しつづけている。

ということは、私たちも、宇宙とともに粗雑な波動体から、霊妙にして精妙なる波動体に変容している。変容しつつ生きている。

五井先生の世界は限りなく広い。大きい。ご自身でも、その大きさはわからない、と言われた。ご自身でわからないくらいだから、他の優れた霊能者にも、われわれにもわかるはずもない。

自己の創造活動といえる範疇を超えて、宇宙神のみ心のままに生きつづけている五井先生の波動体は限りない。その端はない。

大は宇宙に融けきっているし、小は極微のものに変化して、そこにまったく何の矛盾もない。大と小の差もない。大宇宙から極微粒子にいたるまで貫いているのは、宇宙神のみ心、意思だけである。縦と十字交叉した大調和の真中に起《た》っている。天の浮橋に立っているわけである。宇宙神のみ心と、五井先生は須臾《しゅゆ》も離れていない。

老子のことばに「戸を出《い》でずして、天下を知る」とある。これは老子のことでもあるし、五井先生のことでもある。そして私たちひとりひとりの本来の姿でもある。

宇宙神のみ心と須臾も離れない状態にあれば、一歩も外に出なくとも天下のことは知ることができる、ということである。

現在は、情報網を内外に張りめぐらせて、情報キャッチにやっきになっている。キャッチした情報も、苦心の末にしては本当のことか、嘘なのかわからないのが現状である。しかし老子の言う無為にしてすべて行動している聖者には、本当なのか、嘘なのかハッキリしている。つねに道に照らして見ているからである。天意にそぐわないものは、もっともらしいものでもすべてニセものである、と聖者にはすぐわかる。


肉体というのは想念波動の凝縮したものである。凝縮させている求心力をほどけば、意識想念の届く範囲に肉体波動は広がる。つねに世界の平和、人類の救済に心を配り、心を遣《や》っている人であれば、意識想念は地球いっぱいに広がり、優しく包み込んでいる。

五井先生のからだというのは、そういう肉体であり、想念波動であった。地球の各地における動静は、そこに焦点を当てればくまなくキャッチできた。キャッチしようとしなくても、乱れた波動は鋭利な刃《やいば》のように、先生のからだを刺すので、各国各地の状況を直接に知ることができた。民の苦しみも痛みも感じることができた。まさに戸を出でずして、天下を知っていたのである。

不思議と言えば不思議。あたり前と言えばあたり前。けれど肉体人間の域を脱していない私にとって、五井先生の肉体とともに、先生の光明体、神体もまこと不可思議にして神秘そのものであった。

想いを瞬時に消せる。忍者じゃあるまいし、そういうことができるのである。肉体波動を瞬時にしてスイッチして、神体波動、光明波動にするのである。他人には五井先生の肉体は見えるけれど、五井先生には肉体波動はなくなっている。肉体波動に引っかかるものは、ご自分に何一つない。

だからどんな獰猛で狂暴なる破壊的な想念が襲来してきても、暖簾に腕押しで、何一つ衝突がない。ないどころか、瞬時にしてなった光明波動によって、襲来してきたものはまったく浄めつくされてしまう。

これはそういう波動体になった者でなければ、わからない。わからない者にはまったく理解できない。そういう波動体になれなくても、そういうものなのか、と思える人には頭での理解を超えて承知できる。

実際に五井先生と対面し、お浄めというものを受けたとき、対面した人は想いを浄められて、スーッとするのである。からだが軽くなって清々しくなるのを感じる。その体験によって先生のおっしゃる説明を「あゝそういうものなんだ」と理解するのである。

お浄めという行事を通して、私たちは尊い光に触れ、直体験させられたのであった。

業を消滅させる絶好の時期

昭和35年11月、千葉県市川市新田のお浄め道場に、スイスのジュネーブ大学でヒンズー教学を講義する教授、ジャン・エルベール博士がはるばる訪ねて来られた。このときの様子をまとめた白光誌の記事の一部を、拙著『神のみ実在する』の「柏手とお浄め」の章で紹介した。来日された目的は「日本の生きた宗教、生きた信仰」を研究するためで、また『古事記』の研究をするためであった。生きた宗教、生きた信仰には、五井先生がもっともふさわしいと、ときの神社本庁総長富岡氏（東京深川富岡八幡宮宮司）と中央大学の中西旭教授の推薦であった。

今回はエルベール教授と五井先生の一問一答を、白光誌（昭和36年1月号）よりご紹介する。

会見はエルベール教授の「五井先生の教えは何か」という質問から始まったのであるが、五井先生はまず、「人間は神の子であって、守護霊守護神によって守られているものだ。けれどカルマに覆われて、本来の姿を発現できていない。そこで私は神の子本来の姿を発現させるための援助として、柏手を叩くのです」とおっしゃって、柏手を打たれた。

「柏手は空《くう》になった私を通して、大神さまの光が流れ入り流れ出て、相手の業を浄めるのです。業の消滅を強力に援助するのです」

　という五井先生の説明に、教授は深くうなづかれていた。

エルベール教授（以下エ）「その柏手は五井先生しかできませんか」

五井先生（以下五井）「そのとおり。しかし私の柏手の光を浴びた人も業を浄める柏手を打てます」

エ「人間は神の子と言われましたが、キリスト教の神に創られた神の子、神道の親と子の関係の神の子、といろいろあるが……」

五井「神道の親と子の関係と同じです。神より生まれたのが人間であって、神は人間の親であり、人間は神の子なのです。だから業《カルマ》というものは、人間本来性のものではなく、消えてゆく姿なのです。

　業はサタン悪魔ではない。業は消えてゆくものなのです。サタンだと神と対立してしまう。そうではなく本来ないのです。光が輝いて進軍すれば、消え去る暗《やみ》のようなものなのです。

　神はすべてのすべてであり、神のみしか実在しないのです。だから神以外のものがあるはずがない。カルマは神と相対する存在であるはずがない。カルマは光の前の闇にすぎない」

エ「道徳倫理として、一番になすべきものは？」

五井「それは愛です。愛と真《まこと》と勇気です」

エ「愛にも自己を満足させる愛とか隣人愛とかいろいろありますが？」
五井「神さまを愛する愛です。ただ神さまを愛することです。神さまを愛すれば、すべて万物を愛する愛を神より与えられます。神さまを愛するということは、神さまのなかに入ってしまうことです。神さまと一つになることです。その方法、道として、世界平和の祈りがあり、教義があり、柏手の援助があるのです」
エ「道徳を行ずることが先か、業を消すことが先ですか？　道徳を行じれば愛行もでき、勇気も行じられてくると思いますが？」
五井「業を消すことが第一です。何故なら、愛を行じよう、真を尽くそう、勇気ある行為をしよう、と思っても、カルマにさえぎられてそれができないものです。ですから道徳によってかえって自己を縛られ、本来性を抑えられて不自由なちぢこまった姿になってしまう。それが今日の一般大衆です。

ですから、神さまの大光明をもって、まずカルマを消すことが大切です。カルマが消えれば自然と、愛も真も勇気も行じることができます。

そこで祈りによって神と一つになり、神の光によって自己のカルマを消し、同時に人類に光明を送って、人類のカルマを浄めるのです。カルマを消すことが第一です。そのためにわれわれは祈るのです。

今は、守護の神霊が集団となって、地上の肉体波動にまで降りて来ている時期なのです。現代ほど、神とつながりやすい時期はありません。今日ほど守護神とつながり、神の大光明をこの世界に放って、業を消滅させるよい時期はないのです。ですから空になって、神の光明を放ち、個人と人類の業を消滅させる援助のできる、宗教指導者が多く現われることを私は望んでいるのです。そういう人が現われたら、私は喜んで手をとりあって、人類のカルマ消滅、真の平和世界顕現に力を尽します」

以上の他にまだ二、三質問がありましたが、

「私は業を全く消滅しきった人を他にも知っているから、先生のおっしゃることはよくわかるし、先生もそういう方だと感じています」

とエルベール教授は感謝の言葉をそえ、質問を終えられた。

やがてインドの聖者の話題に移り、カルマを消滅しきったと思う7人の聖者の名を教授が書き出した。その第一番にシュリー・オーロビンド・ゴーシュ師の名があった。

「グレイトな人。光り輝いていますよ。あなたのうしろに来ています」と五井先生が言うと、教授はニコニコうなづきながら、

「そうでしょう。ここはオーロビンド師が来られるのに当然の良い場所ですからね」

と合点していた。

※オーロビンド（Aurobindo Ghosh）インドの宗教家。1872年カルカッタに生まれ、1950年12月没、79歳。シュリー・オーロビンドとも言う。イギリスで教育を受け、帰国後教職にたずさわり、カルカッタのナショナル・カレッジ学長となる。一方、反英運動の指導者として独立運動を展開したが、1908年、弾圧にあい投獄され、1910年、すべての政治運動を捨ててヨーガの行者となり、インド南部のポンディシェリーに隠遁した。哲学雑誌「アーリヤ」を刊行して哲学思想を発表し、1925年国際的なアシュラム（道場）

を創立。哲学、ヨーガ、社会学、政治から詩、文芸評論まで広い分野にわたって著作が多い。（ブリタニカ国際大百科事典より）

無学文盲の女性だったが、むずかしい経典を霊智によって、見事説いて大学教授も驚かせ、それから多くの人々に知られるようになったというある聖者。

また50年間裸で坐りつづけているというナンガ・ババという聖者。ナンガというのは裸という意味で、ババはおじいさんの愛称だという。この聖者の膝元に一日坐りつづけて、大きな力を与えられ、少しも疲れなかったと教授は語っていた。

最後に「私に何かご教訓はございませんか」という教授の言葉に、五井先生はこう答えていた。

「オーロビンド師がつねにあなたを守り、あなたを指導し、あなたを動かしています。ですからあなたもつねにオーロビンド師を思っていてください。あなたはよい方です。霊界の一番高いところにおられます。私はあなたの奥様にも会いたかったけれど、あなたのそばにズーッと対話中いて霊的に心を交わしましたからいいでしょう。あなたの奥様も立派な方です。くれぐれもよろしくお伝えください」

エルベール教授夫人を霊覚でごらんになっていた先生は、教授に会う前から「夫人は立派な人だ。エジプトにピラミッドを初めて建設したときの指導者、超人の子孫です」とおっしゃっていた。「だからよけいに会いたいと思ったのだ。けれどまたいつかきっと会えるでしょう。霊的にはもう会ってしまったから、夫人はもういいと思ってしまうかな」と教授との対談後おっしゃっていた。

「エルベール教授を通して、インドの聖者たち多数と光の交流をしたよ、今日は」

と、ごくあたり前のことのようにおっしゃる五井先生が、私には不思議でならなかった。

カルマを消滅しているということは何と素晴らしいことなのか。時間空間を超越し、一瞬にてすべてが通じ合い、心で交流する世界。言葉や文字のいらない世界。言葉や文字がなくても、すべてがまったくそのままわかり合える世界。そしてそこに住まわれる五井先生。何とも言いようのない荘厳さに打たれる。

エルベール夫人との対話

翌昭和36年1月、エルベール夫人は東京飯田橋の五井先生講演会場に来られ、われわれとともに祈り統一された。そのことは『神のみ実在する』に書いたが、前著には書かなかった対談をご紹介したい。

エルベール夫人（以下エ夫人）「宗教以前のものを神道に見出してとても嬉しい。エジプトの古代の宗教も神道と同じではないかと思う」
五井「まったく同じです。仏教もキリスト教もよいけれど、それで把《とら》われができてしまったのです。地球が最後に平和となるとき、神道そのものに帰るのです」
エ夫人「そうなってほしいものです」

五井「神道とは神のみ心そのものが現われている状態で、そのときは宗教など不必要なのです。神道では天と地がはじめからつながっている。それを邪魔するものがある。それを取らねばダメですね」

エ夫人「天と地のつながりを妨げている邪魔ものは、全部取れますか?」

五井「取ることができます。そのためにピラミッドを建てた聖者たちがたくさん来ているのです」(会場に聖者たちが光となって来ていたということであろう)。ここでも先生は例のごとく、エルベール夫人を通して、エジプトの聖者たちと交流された。

エ夫人「率直に言って、悪という力を全部排除することは、不可能だと私は思っています。そういう力というものは平和建設を増進する要因ではないかと思う。

悪の力を排除するために、悪の力、意義を研究し、その後に排除する、と私は思っています」

五井「神道は悪は認めない。悪は流れているだけ。いわゆる消えてゆく姿として認めているだけです。悪という固定した概念を持っているとダメです」

エ夫人「よくわかります。善も悪も根源は調和体がある。それをつかめばいいのですね。

先生のおつとめは大変だと思う。

瞑想しても途中でもって、うやむやになっている中途半端な人が多い。そういう人を完全にするのが、先生のお役目ではないでしょうか」

五井「そうです。知性と霊性がマッチした人、エルベールご夫妻のような人が多くなるといいですね」
エ夫人「お褒めいただいてありがとうございます」
五井「あなたと私のなかのものが一つにつながってしまいましたね」
エ夫人「私もそう思っています。先生から受けた教えを、有効に利用できると思います」
オーロビンド師を尊敬し慕う人は、現在、世界各地にいる。つい最近、師を師と仰ぐある女性が、富士聖地に来訪され、五井先生に特別な想いを抱いたようだ。それは背後に五井先生とオーロビンド師との、大きな光のつながりがあったからだろう。
エジプトに初めてピラミッドを建てた超人のグループの子孫も、全世界に散らばり、時が来れば、先祖の働きかけによって、世界平和完成のための平和の祈りの運動に、あらためて加わることであろう。いやもうすでに加わっているかもしれない。

物質界を超えた聖者たちとの交流

カルカッタ生まれのオーロビンド師と故郷を同じくするヨーガ行者、ヨガナンダの活動は、時を同じくして、アメリカとインドに広がった。

ヨガナンダは1920年8月、アメリカはボストンで開かれる国際宗教会議にインド代表として招待され、故国を旅立ってアメリカに向かった。25歳だった。

彼はクリヤヨーガの行者で、師匠はシュリ・ユクテスワである。その師の師匠はラヒリ・

マハサヤで、マハサヤの師はババジである。

ババジとはヒマラヤ奥地に現存する神人で、神を見失った現代人のために、古代インドのクリヤ・ヨーガの秘密をラヒリ・マハサヤに伝えた、とヨガナンダの自伝に書いている。

ババジとは普通の人間ではない。けれどヨガナンダの自伝によれば、北部ヒマラヤにて今日でもババジの生ける姿が拝まれるという。この秘境に住む聖者ババジは数世紀にわたって、いな数千年にわたって肉体の形を保持している。それでアヴァラータつまり神人と呼ばれている。しかし地上に影を落とすことも、足跡を残すこともないという。

写真には撮影されていないが、画像が残されている。黒色の長髪で、裸で坐っている姿は青年である。現存すると言っても、肉体波動を持つ存在ではない。一言で言えば神秘なる光明体で、目ある人にはその姿が見られるという特別な存在である。

ヨガナンダはこの存在に会っているから、ババジの存在を確信し、その指導も受けているから疑いなど一つもない。

このババジに、ラヒリ・マハサヤはクリヤ・ヨーガの指導を受け、業を消滅した。そしてその弟子、シュリ・ユクテスワも業を消滅した。お二人ともに聖者である。

この聖者たちは、肉体界にあるうちはオーロビンド師との交流はないようである。しかし霊的には当然、交流があったであろう。

私はババジのことも、ラヒリ・マハサヤのことも、シュリ・ユクテスワのことも、五井先生から聞いて知った。五井先生は、「至上我の光」という機関誌を発行して、ヨーガの研究と実践を指導していた三浦関造師との交流を通じて知っておられた。

ラヒリ・マハサヤは１８２８年に生まれ、１８９５年に没している。

シュリ・ユクテスワは１８５５年生まれで、１９３６年に没している。

三浦関造師の発行した本の写真を通して、五井先生は交流された。ラヒリ・マハサヤは好々爺という感じ、シュリ・ユクテスワは聖者の風貌そのものである。

東京外語大学教授だった奈良毅さんは、ラーマ・クリシュナの信奉者であったから、奈良教授を通してラーマ・クリシュナという聖者と交流されたことであろう。この聖者は神と合一した体験から、すべての宗教が帰一できると説いた。何宗何派と宗教が分かれ、何かと分裂を繰り返し、勢力争いをしている宗教界の現状を憂い、宗教が一つになることを心から望んでいた聖者である。

ラーマ・クリシュナの説くところは、五井先生と同一であるので、すんなりと交流が行われたことであろう。

霊的国際連合

昭和44年4月、裏千家茶道教授の住田千鶴子さん宅で、五井先生はバズビー博士ご夫妻とお会いになった。夫妻はイギリスで季刊誌「ザ・ヴォイス・ユニバーサル」を発行し、過去19年間にわたり世界各国で講演しているスピリチュアル・リーダーである。通訳の労をとられたのは前述の奈良毅教授である。

ご夫妻は先生に会われるなり「私たちは金星から来ていると自覚している」と話された。お話によると、バズビー博士は18歳のとき、３５００年前のエジプト文明最盛期の頃に肉体を持っておられた偉大なる霊覚者に、霊的にお目にかかった。その覚者から2年間にわたり、霊的に指導を受けた。そのエジプトの大師は分かれる際、「お前は私の子である。将来会うことがあるかもしれないが、この世で会うのはこれが最後である」と言われた。それから23歳まで、自分で修行をつづけ、いろいろな大師にお会いしたが、最後はイエス・キリストにお目にかかった。

大師イエスが彼の部屋に物質化して現われ、素晴らしい賜物をいただいた。賜物とは数々の霊的教訓をテレパシーで受けたことである。大師イエスは2年間、彼に霊的教育を授けてくださったのであった。

夫人もたいへん霊的な方で、やはり20歳のとき、イエス・キリストにお目にかかり、その後、昭和29年、チベットのドワルクール大師にコンタクトし、お導きを受けた。ドワルクール大師はバビズーご夫妻に「あなた方の使命は、世界に今現われているいろいろな光を持った霊覚者に会い、その方々を一つにまとめることである」と告げられたのであった。

こうした大師たちの命を受けて、ご夫妻は霊的活動をしている霊性高き方を探し出すために、世界中を廻っている、そしていろいろな方にお目にかかっている、とのことであった。

バズビーご夫妻と五井先生の対話は次のとおりである。

バズビー師（以下バ師）「五井先生にお目にかかってたいへん嬉しいです。師匠から教えられたところによりますと、ハイラーキー（霊界）は太陽系と同じように、いろいろな層をなしており、そこでいろいろな大師が働いている。大師はこの世界に人間の形としては働いてはいないが、霊的に働きかけて、世界各地に霊覚者を生み出している。その霊覚者たちが、これまで以上にますます力を発揮して、現在、国家は政治によって治められ、運営されているが、霊覚者たちに力が移されて、その方々が今度、国を治めてゆくようになる、ということです」

五井「まったく同感です」

バ師「ハイラーキーから使命を持って地上に降りて来られた方は、かなりの数がありますが、それらの人々といろいろな国でお目にかかっております。私たちはその方々に協力し、その方たちも私たちに協力してくれます。そして世界各国の霊覚者を統一してゆきたい、と思っています。私たちはハイラーキーの大師方のいわば手先です」

五井「今ね、光が交流しているのですよ。あなたと、あなたの背後の天使たちと、私は光を交流しているのですよ」

夫人「はい、よくわかります。霊覚を持った人と会うと、すぐわかってしまいます」

バ師「白光が見えます。先生は鋭い、深くものを見通す力を持っておられる。ぜひ、先生のお話を今度はおうかがいしたい」

五井「今、あなたの背後にエジプトの大師が来ていらっしゃる。その人はすごく偉い人です。そしてお二人の仕事は、もっともっと大きくなります」
バ師「どうしたらいいのですか?」
五井「いろんな人と会うことです。あなたはつなぎの役目、神道的に言えば猿田彦神《さるたひこのかみ》の役目です。とっても大勢の偉い人に会うことになります。年毎に、高い層の人が出て来ます。ハイラーキーの霊団が集まっているのですよ」
バ師「今まで30年間にわたって、同じような仕事をしてきたわけですが、ここ1、2年がピークにさしかかるのではないかという気がします。1週間ぐらいしたら日本を出発し、南アフリカに行き、そこでいろいろ活動をし、イギリスに戻って1週間、アメリカに行って3週間、またイギリスに戻る。というように、力というか動きが、前より強くなってくるように思います」
五井「南アフリカに二人の偉い人がいます。二人とも男性で、一人は背の高い人です」
バ師「アメリカはいかがでしょう?」
五井「アメリカはまだ霊性が発揮できない人が多い。物質的なものが光にかぶさっていて、霊性が働いていないのです」
バ師「そういう人々こそ、私たちがアメリカに行って、霊性を引き出してくる責任があると思います」
五井「そう、そのとおり」
バ師「ニュージーランドにもよいグループを持っています」

五井「ニュージーランドには、私の霊覚で見ると、一人だけ抜きん出て、すごく光っている人がいます。若い婦人です。その一人だけが抜きん出て光っています」
バ師「私たちはすでに会っていますか?」
五井「これから会うのでしょう」
バ師「この精神活動に関連した事業ですが、できれば世界各国に精神指導センターを起こして、霊的統一をしてゆきたい。
　ところでどこの国から具体的にセンターを作ってゆくべきか、アドバイスをしてくださいませんか。イギリスからか、アメリカからか」
五井「まず自分の国が先でしょう。それからブラジル、ニュージーランドがいいですね。しかしそれは2、3年はかかりますよ」
バ師「今、考えているのは、アメリカにもこの計画に興味を寄せている同志がいますので、国連がありますように、霊的国際連合を作り、各国から霊覚者をその国の代表者として一堂に集めたい、というのが私たちの願いです。この9月、デトロイトで大規模な会議を開きます。日本の霊覚者も参加してほしいと思っています」
夫人「ハイラーキーと接触はしているわけですが、さらに上のほうに高めてゆくためには、どういう修行方法を取ればいいのか」
五井「瞑想につけ加えて、世界人類の平和だけを一心に祈ることです」
バ師「今日、五井先生にお目にかかれたわけですが、これも霊的指導者が……」

五井「ええ、そうです。先ほどの３５００年前のエジプトの大師が連れて来られたのです。その人は素晴らしい人で、とても光っています」
バ師「ハイラーキーには二つありまして、一つには太陽系を中心とするもの。一つには他の惑星を中心とするもの、とこの二つから地上の霊覚者にいろいろ働きかけているのですが、この神ご自身の計画が実現するかどうかは、いかに地上の霊覚者が密接に協力するか否かにかかっていると思います」
五井「そうですね。しかし背後から守護の神霊が自然に使ってくれます。それで人と人を結ばせます。ですから自然でいいと思う。自然にインスピレーションで働いたらいいと思います。私もそうしています」
夫人「イギリスに私の瞑想の部屋があって、そこでいろいろな霊覚者と交流するわけですが、早くパッと交流できる方法がありましたら教えてください」
五井「如来印を結びなさい。そうするとパッと交流できます」
夫人「南アフリカに行きますが、いつも印を結んで、先生と交流します」
五井「私も霊的についてゆきますよ」
夫人「ありがとう。日本に来たのは初めてですが、前世で私は日本に生まれていますか?」
五井「千年ぐらい前に、日本に生まれかわっています。バズビーさんはあなたよりもっと古い時代、日本にいたことがあります」
バ師「五井先生の大師へのメッセージをお伝えいただきたい」

五井「かならず平和は来ます。信念と勇気を持ってください、と伝えています」
バ師「私は過去19年間、一切を捨ててこれだけに捧げてきました」
五井「その努力と奉仕はかならず実ります。あと1年たつと、来年になるとお二人の霊性はもっと開けます」
バ師「ありがとうございます。今後、五井先生とどういう形で協力していったらいいでしょう?」
五井「霊的交流に肉体はいりませんが、文書の交流をまずしましょう」
バ師「年に4回出します季刊誌をお送りします。もし日本語に訳して転載なさる場合は版権など心配はいりません。どうぞお使いください」
このあと、お祈りしましょう、と五井先生がおっしゃって、お二人を前に先生は柏手を打たれた。
五井「どうでした?」
バ師「光が上から下へ、ゆったりと流れていった」
五井「今はイエス・キリストの光です」
傍の夫人はまだ統一から覚めていない。やがて覚めた夫人に尋ねると、
「五井先生が光の扉を開けてくださった。他の星の世界から聞こえてくるような、ものすごく高い音がして、扉が開かれたのです」
と答え、五井先生が扉を開けてくれた He opend the door と繰り返し言っていた。

夫人「素晴らしい経験です。私は光輝くことを待っていたのです。日本で非常に素晴らしい経験をしました」

五井「私の弟子たちは、みな私の中を通って光明界に上るのです。私は天と地をつなぐ光の柱ですからね」

バ師「ダライ・ラマとかインドの聖者からもメッセージをいただいていますが、五井先生のメッセージも9月の会議にいただけませんか？　そしてお許しがいただければ、先生のご本の中から取らしていただき、アメリカにおける霊性統一連合会議に発表したいと思います。またラジオやテレビで話すときにも、雑誌や書物にも引用させてください」

五井「どうぞどうぞ」

バ師「そして世界霊性国連会議において、ぜひ先生が日本を代表してくださる方になっていただきたい」

五井「よろしければなりましょう」

のち会食に移ったが、バズビー夫人は席上でも「私はこの経験（光の扉を開かれたこと）のために日本に来たのです」としみじみ言われていたが、五井先生の柏手のお浄めが、よほど心深く印象づけられたのであろう。

ナイヤガラの白い竜

昭和45年4月、五井先生は昌美先生とともにアメリカに出発した。ロサンゼルス、ニューヨーク、ハノーバー、ハワイなどを経て帰国されたが、「アメリカ旅行で得られたものは何ですか?」と質問したら、二つあるとお答えになった。

「一つはアメリカにいろいろな顔がある、ということがわかったこと。もう一つは、ナイヤガラの滝を見物したとき、今まで見たこともない巨大な竜神(白竜)が二体現われたことで、白竜はアメリカの業想念を受けて汚れていたが、柏手の浄めによって浄まり、私を日本まで送って来てくれたよ。

この巨大なる白竜二神は、アメリカの汚れを背負っていたが、それが救世の大光明によって洗い落とされ、今後、アメリカの行く末を強く守護する」

というお答えだったが、もう一つよかったことは、五井先生がかねてから会いたいと思っていた聖者に、ハノーバーで会われたことである。

ハノーバーの高木俊介氏宅に、アンドレ・アシュカとその家族が訪ねて来られた。アシュカはニクソン大統領の弟の友人という人であるが、特筆すべきは、アシュカ夫人のお母さんである。

この老母は、ニューヨークに住んでいるのだが、五井先生にお目にかかるために、わざわざハノーバーまで来たというのだ。

この人はアグニ・ヨーガの研究者で、霊的なことに理解が深い。ロシア人で英語がほとんど話せない。そこでアンドレがロシア語を英語に直し、英語を高木氏が日本語に直して、五井先生のお話をうかがった。

生まれ変わりのことについて本を書きたい、という。83歳の老婦人だが、すこぶる元気がいい。五井先生に「大いにやりなさい」と激励され大喜びだった。

最後にもう一つおうかがいしたい、だが口に出して言えない、という。五井先生は「わかりました」と言って柏手を打ってお浄めされた。

そこでわかったことは、この老婦人のうしろにモリヤ大師がついて、先生に会いに来られたということだった。

五井先生は前々から、そのうちインドに行って、モリヤという霊界の聖者に会いたい、と思っておられたのが、今回、ロシアの老婦人のうしろについて来た大師に会うことができて、もうインドに行く必要はなくなったということであった。

モリヤ大師はヨーガの七大聖の一人である。マイトレーヤー救世主のまわりに、七大聖と言って、7人の聖者がとりまいていると、ヨーガでは言われている。

同年10月24日、京都で開かれた国際宗教者平和会議に出席したバズビー博士夫妻が、聖ヶ丘道場に来られ、昱修庵にて五井先生とお会いになった。

五井先生が柏手を打って、ともに祈ると、バズビー師はトランス状態に入り、バズビー師を通して、ヨーガの七大聖の一人、クートフミー大師が現われた。クートフミー大師は愛と知恵の権化と慕われている聖者という。

そして次のようなメッセージを伝えてこられた。

「日本の子らよ。私たちがこのたびこの愛する使徒両人（バズビー夫妻のこと）を日本に導いたのは、京都の会議に重きを置いたからではなく、この聖なる地に立たせることに大きな意義を持ったからです。

今日、地球世界は重大な危機に面しており、大師たちのハイラーキーの写しである、人類の霊的ハイラーキーを地上に再現するため、あなた方に光、愛、力、祝福をおくり、私たちの霊的きづなを強めたいと思います。

私たちは人の子の器を通して交流し、その結合をいつも強めています。この器（バズビー師）は、イギリスおよびヨーロッパのハイラーキーの代表として任命されました。（彼らはまだ知らされていないが）英語を通して話しますので、あなた方と交流（コミュニケート）するのに制限がありますが、みなさん方がよくわかられるのでたいへん幸いであります。

天と地を結ぶ橋を架ける計画は何千年もかけて進行してきましたが、私たちは今日を待っていました。今、この計画を遂行しなければ、地球文明は退化し、人類は滅亡の一途をたどることでしょう。

この計画は多くの先達が予知し、シャンバラにおいてもキーポイントになっています。この計画は人間の使徒によって受け継がれ、発展させなければなりません。このことによって、地球世界は救われることができ、また救わねばならないのです。そして、それが今、この聖地、われら最愛の人、五井先生によって始められるのです。

ここにおられるあなた方、この聖地を訪れる人々、とくに偉大で輝かしき五井先生に、神の光と力、救いと平和の祝福があらんことを」

天と地を結ぶ橋は、五井先生の出現を待って架けられた。世界平和の祈りによって架けられた。救世の大光明によって、天と地を結ぶ橋は架けられた。

毎年5月、富士聖地にて行われるSOPP（シンフォニー・オブ・ピース・プレーヤー）によって、橋はいよいよゆるぎない光の交通路となっている。

クートフミー大師やモリヤ大師は喜ばれていることであろう。エジプトの大師もインドの聖者方、シュリー・オーロビンドやラヒリ・マハサヤとその一統、ラーマ・クリシュナも、参加者一人一人のうしろに立って、五井先生とともに一人一人に光と愛と知恵を授けられていることであろう。

大聖たちの予言はかならず成就されることになっている。世界人類はその神性を自覚し、地球は地球霊王とともに、光り輝く星に蘇ることであろう。

人類すべてを神たらしめる

人類を一人残らず「神の化身」にしよう、というのが、五井先生の願いです。

神の化身とは、神が直接、肉体をまとっている状態、肉体の人間が神と座を一つにして生きている、という姿のことです。

欲望にまみれ、肉体人間観から脱皮できず、苦悩している地球人類一人一人を、すべて人間は神の分霊である、神の光の一筋である、神そのものである、と自覚させたいというのが、五井先生の本願であります。

人はみな神の光のひとすじと
知りて生きなば明るきものを

これは五井先生の短歌です。五井先生は人間の霊性を深く追求して、神との一体観を得ました。そして人間は業生ではなく、神の子であり、神そのものである、ということを覚知されたのであります。

業生というものは、人間は悟り得ない、神とは一体化できない、つねに迷い煩悶しつづけるものだ、という生き方をすることです。そういう生き方をすることは、人間の真実の生き方ではなく、本当の人間の生き方とは、人間は神の子、神の分霊であって、自分を愛するとともに、人を自分のように愛して生きることで、つねに守護霊（祖先の悟った霊）と守護神（愛の神・救いの神）に守られ導かれているもので、かならず真理を体得し、救われるものである、と五井先生は説かれました。

〝神の光のひとすじ〟とは、神の発する光の一条一条が人間であり、だから人間は光そのもの、神そのものである、ということであります。

導きにより光明にたどりついた

苦悩からいつまでも脱出できず、安心立命できないものだ、救われないものだ、と過去世からの習慣の想いであきらめている人が、信仰する人の中にも案外といるものです。

そういう人たちの目を覚めさせるために、まず第一に、人間とは何か？　人間とは神の光そのものでる、神の子である、神の分霊なんだ、と教えられました。

神さまを太陽とすれば、その太陽から発せられている光の一つ一つが人間なんだ、というわけです。だから永遠の生命であり、霊そのもの、神性そのもの人間の真実の姿である、と説きつづけられたのでした。

人間の真実の姿が、長いあいだ、業生の想いで、肉体が人間なんだ、と思いつづけてきたので、ただ目をくらまされているだけで、光そのもの、いのちそのもの、神そのものである。その本来の姿をわからせようとして、祖先の中の悟った霊である守護霊が、一人一人についていて、一生懸命、本来の光を遮っている想いの業をいろいろな方法で祓い浄めてくれているのだから、いつも「守護霊さん、ありがとうございます」と思っていれば、かならず幸福になれる、安心立命できる、と私たちに教えて、先生自身はご自分の本来の大光明を私たちに当てて〝浄める〟ということをなさいました。

私たちが五井先生につながったのも、背後の守護霊さんのお導きによるものだった、ということは、あとで五井先生が教えてくださったことです。

私の守護霊さんの最大の働きは、私を五井先生のもとまで導いてくださったことです。私が肺結核で家で療養していたとき、たまたま父の本棚にあった『生命の実相』にふれ、それから母の紹介で近所の生長の家の誌友である福島さんという製靴会社の社長を知り、その社長の紹介で横関実さん（白光初代理事長）を知りました。

この横関さんとは不思議な縁で、あとになって五井先生から知らされたのですが、過去世の縁《えにし》によって、横関さんが五井先生のところに連れて行ってくださったのでした。それまで私は五井先生の名を聞いたことはなく、噂も聞いたこともなく、先生の存在をまったく存知あげていませんでした。

病気になったこと――『生命の実相』を読んだこと――母が福島さんを紹介してくれたこと――福島さんが横関さんを紹介してくれたこと――横関さんが五井先生のところに連れて行ってくれたこと――これらすべてが、私の守護霊さんの導きだったのです。

トントントンとものごとが運ばれ、五井先生のもとにたどり着いたことによって、私の運命は光明へと向かったのです。大いなる光にたどり着いたのです。

自分を信じた五井先生

業因縁の渦を脱して、内なる神性を完全に輝かせた人を解脱者と言い、覚者と言います。

ます。

神人一如を現わした人、と言います。五井先生は、まさにそういうお方だったのです。解脱者、覚者は「神と人間の関係を説き、人間は完全円満な神性であることを明かし、行じて、人々を安心立命の境地に導いていった」と、五井先生は『神と人間』に書いておられます。

どうやって業因縁の渦を脱したのか？　それは『天と地をつなぐ者』を読むとよくわかります。かんたんに言うと、神さまだけを想い、神さまのなかに飛び込んで行った。そして直接体験で神を知り、自己の本体を知り、神にふれ、自己の本体にふれたのでした。

直接体験に師匠は必要としないのだろうか？　五井先生には師匠がいなかった。まったくの一人でした。だからいのちを自分の「信」に賭けた。自分を信じて、まだ見ぬ神の中に飛び込んで行ったのでした。これは勇気のいることです。それだけでも感激いたします。大修行でした。言語に絶する、とご自分でもおっしゃるくらいの苦行でした。そして天のご自分のなかにスッと入った。神我と合体したのでした。

師匠がいてもいなくても、直接体験の場合、その修行に師匠は口をはさめないようです。やはり神対自分一人ということになって、神の中に飛び込むわけです。ただすべてを知る師匠がそばにいて、見守ってくれるという状態であれば、修行者も安心して神の中に飛び込めたでしょう。

その修行の過程において、五井先生は守護霊の存在を知り、働きを知られたので、私たちに守護霊、守護神の働きを知らせ、つねに運命を守っている守護霊さんに感謝することの大切さを、口を酸っぱくして説かれました。五井先生の修行も守護霊、守護神の存在と働きを知っていれば、もっと楽に済んだようです。私たちは何があってもなくても、守護霊さんに感謝してゆくことによって、光明の人生が展開されてゆくことは確かです。

神であり人間らしい人間

五井先生の魅力は、そのものすごい修行を完成させた体験にもありますが、私を惹きつけて離さないのは、五井先生全体から滲み出てくる人間性の素晴らしさでした。人間性の素晴らしさは霊性、神性の素晴らしさに等しいものです。神性の素晴らしさが霊性の素晴らしさに映え、神性霊性の素晴らしさが人間性に反映して、その素晴らしさになります。

神人一如と言いますが、神と人とがまったく一つになって、融けきっている状態からは、神性の高貴さが人間性の尊さとなって香っています。神が人になり、人が神になっている、という姿です。

私は五井先生の中に神を見たのです。その神さまに全託したのです。神さまに全託したということは、五井先生にいのちを全託したのです。

肉体を持った五井先生は神さまなのです。神さまとは私にとって、五井先生でした。これが私の信仰です。

こう言うと、信者が五井先生を神格化している、人間をまつり上げて神さまにしている、と言う人もいます。口に出して言わなくても、心の中でそう批判している人は大勢います。

私はいちいち反論しませんが、人間は神の分霊である、神の光の一筋である、神そのものである――と五井先生は説き、五井先生の仕事を引き継いだ昌美先生も、〝我即神也〟〝人類即神也〟と宣言しておられます。だから五井先生ばかりをまつり上げているのではなく、人間はもともと神である、自分は神である、と言っているのですから、私たち自身もまた神さまなのです。私たちは自分自身もそうですが、人を〝神格化〟して当然なのです。

人間が本来、神の分霊であって、神そのものである、と言うのなら、それを信ずるのなら、人間を神格化して当然でありましょう。しかし知識や常識に縛られた者には、なぜか人間を解脱した人、人間を卒業した人を神格化することを拒む人がいます。人間が神そのものである、いのちそのものである、と思っていないからであります。理解できないからであります。

理解できなければ、五井先生を神格化することを拒否するでありましょう。何か恥ずかしがって言えない人がいるのです。肉体人間が神だなんて、とんでもない、と心の中で言っているのです。知性のない人間だ、と見下しているのです。

人間は神であると同時に仏です。そうなって初めて一人前の人間と言えるのだと思います。空《くう》になって初めて、一人前の人間になる。もっとも人間らしい人間になる、ということです。

神格化されない人間は、いつまでたっても迷いから覚めることができません。仏教的に言えば、三界から抜け出せず、苦悩から脱することができません。ということは、人間の真価を発揮できていないということです。

私を魅了してやまない五井先生は、神になり仏になり、もっとも人間らしい人間になられたのです。霊能とか神秘力とかそんなものではなく、もっとも人間らしい人間――それが神であり仏である証拠です。

慈愛、情愛、叡智、自由、無礙、誠、美などあらゆる徳性がそのまま現われているのが、もっとも人間らしい人間です。

だから人間とは、神であり、仏であると言えるのです。もっとも人間らしい人間になって、完成された人間、神性人間、仏性そのままの人間となるわけです。

そうしたわけで、五井先生は神さまです。私たち一人一人もまた、神さまです。

神人一如を現わして、私たち一人一人が神格化される。信者同士お互いがお互いを神格化して拝み合う。そうした状態があたり前になって、初めて五井先生の本願が完成されたことになります。

地球が神的波動に近づくとき

この文章の冒頭で、人類を一人残らず神の化身にしよう、というのが五井先生の願いだと書きました。

時代が進むにつれて、世の中はスピードアップしてきました。これは肉体の波長が昔とは違って、微妙精妙になってきたからだ、と五井先生はおっしゃっています。世界平和の祈りが提唱され、信者諸氏の努力によって、祈りに賛同し、祈る人が増えてまいりました。祈りのひびきが浸透してゆきました。地球も狭くなり、今日、シリヤで起こった爆撃は、即時に世界に知られます。世界各地で起こるテロ事件、暴動はテレビで放映されることによって、私たち一人一人の生活にも直接ひびいてくるようになりました。天変地変の脅威も特定の地域の恐怖ではなく、世界各地の人々つまりは世界人類の共通の恐怖になってきました。

世界の平和、人類の平和は私たち一人一人の身近な願いになってきました。地球は平和でなければならない、世界が平和でなければならない――と人々は共通して、心から願うように時代は変わってきました。

と同時に、物質界の波動も微妙に変化し始め、霊妙化つまり霊的波動、神的波動になってきました。

人類の意識が変化している、ということは人類の源である神の世界、霊の世界がより肉体波動まで近く降りてきている、ということであります。神霊側が波動を粗くして、物質波動に近く降り、肉体人間側が世界は平和でなければならない、という意識に目覚め、波動を微妙化、精妙化しアップしている――そういう時代になっています。

五井先生の言葉ではありませんが、地球という星がいよいよ完成される、という時代になってきているからでありましょう。

天と地が変化して、天からは光がどんどん降り、地ではその意識の次元が世界平和の祈りとその広がりによって上昇し、天と地との波動が平和という点で一つになろう、としている時代になったからであります。

五井先生の本願、イエス・キリストの願い、釈尊の念願がいよいよ実るときが近づいたということであります。

過去から現在へ、現在から未来へ、覚者、聖者が世代世代に現われ、一人で走りぬけるマラソンではなく、駅伝競技のように、多くの選手が光のたすきを手渡して走り抜けてこられたおかげです。

世界の平和、地上天国を築き上げることは、多くの人々の協力によって初めて成し遂げられてゆくものなのです。

五井先生は受け持ちの部分を完走し、たすきを昌美先生に渡されました。昌美先生も受け持ち部分を完走し、たすきを次の世代の走者に渡そうとされています。

人類一人一人の神格化は、これから実現してきます。まずあなたとあなたの周囲、同志の神格化が次々と実現してくることでありましょう。

人類一人一人の神格化、自分と同信同朋、祈り人の神格化は、五井先生の神格化から始まっている、ということを、私たちは意識にはっきりと止めておくことが大事だ、と思います。

第2章　ゆるしてくださるよ

つらく切ない相談

妊娠がわかった親は、生まれてくる子が男であれ女であれ、五体満足、健康であればいい、と誰でも切実に願います。

大分前のことです。1970年代でしたでしょうか。アメリカで出生前診断という技術が開発され、胎児のうちに、その子が先天的に異常を持っているか、いないか、ということがわかる、という記事を新聞か雑誌で見ました。

先天的に異常があると診断されると、大体の親は中絶をする、ということでした。

その当時の出生前検査というのは、羊水検査で胎児の遺伝子を検査することによって出産前に診断する、という技術でした。

それが今では、妊婦の血液を検査することで診断できるようになり、しかも正確性が99％と言われるようになっている、と言います。テレビでも報道されたから、ご存知の方も多いことでしょう。

先日、松戸市の日本大学歯学部病院に、かわいいダウン症の男の子が、お母さんに連れられて歯の治療に来ていました。

お母さんの年頃から、高齢者出産のように見えませんでしたから、このお母さんがわが子がダウン症児であることは、生まれてくるまで、そして生長するまで知らなかったことでしょう。生長するにつれて、ダウン症と診断されて、きっとショックだったにちがいありません。

生まれる前に、なんらかの理由で出生前診断を受け、おなかの子の遺伝子に異常が発見された場合、親は生むか生まざるべきか、随分悩むと思います。悩みに悩んだ末に、中絶を決意して、人知れず中絶した女性も多いのではないかと思います。

昔にくらべ、今は障害福祉の事業は、公的に本当に進歩し、いろいろなことを考えて介護応援してくれるようになりました。しかしまだそうした福祉面のバックグランドが充実して、障害児を出産しても安心して社会生活ができる、というまでにはなってはおりません。

そういう児を育て上げ、親たちが高齢者になり、大人になった子供の面倒を見てあげられないので、全面的に、福祉のお世話になる、そして親亡きあともお世話を安心しておまかせできる、という介護体制が社会的に完全になっていれば、どんな障害児も安心して出産できる、という気持に親たちはなるでしょう。

何かというと福祉関係の予算は、すぐ削られてしまうような政治の在り方では、どんな児も安心して産める、という気持にはなれません。

親にそういう不安があり、その親の不安を解消できない現実であれば、親は中絶ということに踏み切っても仕方ないと思います。

五井先生は現実問題として、中絶するか、しないか、という相談を受けられて、普通で言えば随分悩まれたと思います。

宗教家として、どんな命も尊び、大切しなければなりません。その児の過去世から今日にいたるまでの想念行為の結果を、どうやって調整するか？　命に関しての問題ですから軽く扱うわけにはいきません。

こういう相談を受けるときほど、つらく、切ないことはない、と五井先生はおっしゃっていました。

「子供が生まれないんです、なんとかして赤ちゃんが欲しいんです」という相談なら喜んで応じ、魂をこの世に送り出す、ということをしたけれど、どうしても中絶しなければならないケースでは、われ〳〵の知らないところ、知らないところというより、伺い知ることができないところで、五井先生は親に負担がかからず、しかも中途で流れてしまう魂の生き方にも、何かプラスになる方法を案じて、応援をなさったことでしょう。

五井先生はそういう権限を、大神さまから授けられておりました。

この出生前診断を、メディアを通して知ったとき、私は五井先生にこうお聞きしたことがあります。

「もし出生前診断によって、わが子に異常があるとわかって、親が止むを得ず中絶した場合、神さまは赦してくださるでしょうか？」

「ゆるしてくださるよ」

と先生はお答えくださいました。

中絶しなければならない場合は、中絶される魂に代わって、親が一生懸命、水子の魂の天命が完うされることを祈りつつ、子の分も含めて少しでも世の平和のため、人々の幸せのために働くことであります。

とくに母親は、止むを得ず中絶しても、どうしても心の中に疚《やま》しい感じが残るものです。そのときこそ消えてゆく姿で世界平和の祈りを使って、疚しい気持、うしろめたい気持を世界平和の祈りの救世の大光明の中に投げ入れ、救世の大光明で浄め去ってもらうことです。

そういう気持が出るたび、現われるたびその想いを持ったまま、平和の祈りを祈り、救世の大光明の中、ゆるしの神さまである五井先生の中に入って、自分と人類の業想念を浄めてもらうことです。何回でも何回でも祈りの大光明、五井先生のゆるしの光明に浄めていただいていれば、魂に明るさと生きる勇気とを与えられます。

それを五井先生は、

「神さま、助けてください！　ゆるしてくださ い、って祈るんだよ」

と具体的に祈り方を教えていらっしゃいます。

無理もないよ

五井先生著『平和を呼ぶ声』の中に、自己保存の本能について書かれているページがあります。〝自己を護ろうとする本能は、善の行為となり、悪の行為ともなって今日まで来た〟と。

五井先生にこの自己保存の本能に関して、お尋ねしたことがあります。

「今、国会のロッキード事件（1977〜1995）の尋ねる方も尋ねられる方も、ともに自己を守ろうとする本能の世界を超えることなく、自己保存の本能で、その行為が善の行為ともなり、あるいは悪の行為ともなっていると思うんです。

今日までの人間観では、自己を護ろうとする本能を超えられない、ともご著書に書いてありますけども、今、もし海の中で遭難して、一人がつかまれば浮くけれど、二人つかまれば沈んでしまう、という浮木《うきぎ》が目の前にあって、それを自分が取らず〝どうぞ〟と人に譲って自分はぶくぶくと沈んでしまう。というような人になれば、自己保存の本能を超えた人でしょうね」

「それはそのときになってみなければわからないよ。人を押しのけて自分だけがつかまるかもしれない」

「そうですね、そうかもしれませんね……もしですね、人を押しのけて、自分がつかまって助かったとしても、神さまはゆるしてくださるでしょうか？」

「あゝゆるしてくださるよ」

「遠藤周作が新聞に、転《ころ》びバテレンのフェレイラのことを書いていましたけれど、拷問され、逆さにつるされて、ついに信仰を捨てて転ぶわけですけれど、彼もゆるされているのでしょうか？」

「ゆるしてくださるよ。

肉体は弱いもので、そうなったら信仰も捨てるでしょ。子供や妻があって、信仰を捨てなければ子を殺すぞ、妻を殺すぞ、とおどかされたら信仰を捨てるよ。仕方がないよ。肉体が拷問にかけられて、自白したり、友や信仰を捨てるということになるのは、無理もないことだ。それは友や神を裏切ったことにはならない。火を顔のそばにつけられたり、焼かれたり、重い石を抱かされたりしたら、みな参ってしまうよ。犯してもいない罪も認めてしまうだろう。無理もないよ。仕方がないよ、ゆるしてくださるよ」

「私、最近、法然さんや親鸞さんが、愚とか愚禿《ぐとく》とか言われたのがわかってきたように思います。

世界平和の祈りをするので、利口ぶって聖人ぶって祈るんじゃなく、愚なるものの如く祈るんですね。そうなってはじめて安心して祈れるようになりました」

「神さま！　助けてください！　ゆるしてください！　って祈るんだよ。肉体人間だけでは何事もできないからね。息をすることだってできない。親鸞さんはそういうところを、何べんもなんべんもくぐってきたんだね」

本能をも投げ入れる

すべてゆるしてくださる――という五井先生の大慈愛の中で、私は世界平和の祈りを祈っています。五井先生を呼んで、五井先生の中に入っています。

人間の想念というものはしようもないもので、想いの世界では、自分の都合の悪い者は殺し、痛めつけています。すべて自分の都合によるのですが、この自分の都合というものも、ゆるしの大前提があって、世界平和の祈りの救世の大光明の中、五井先生の唱名の中に投げ入れて、五井先生に救われ、救世の大光明に救われております。

我即神也――人類即神也――という大宣言も、すべてゆるされている、という受け皿があって、やさしい自分も、恥ずる自分も消えてゆく姿として、祈りの大光明に投げ入れつつ、安心して宣言し、印を組んでおります。

祈りの中に投げ入れる、ということは、自己保存の本能をも投げ入れているわけです。救世の大光明の海の中で、肉体人間の自己保存の本能が浄まって、神の光の一筋としての神聖なる神人の本来因に変容し、肉体は神の器として、救世の大神さま方のお役にはじめて立てる者となるわけです。

我が神は人を裁《さば》かず汝《な》が行く手　明るく開く教《おしえ》なす神

五井昌久

第3章　食べることも神さまにまかせた

諦念から全託へ

昭和20年3月10日、アメリカのB29の大空襲によって、東京は下町も山の手も炎上し、一面の焼野原と化してしまいました。そしてあまたの市民が焼け死にました。更に8月6日広島、9日長崎にと、つづけて原子爆弾が投下され、ソ連の突然の参戦によって、ついに日本は連合軍に無条件降伏をしました。

勝ち敗けにかかはりなくて我が魂《たま》は　清《さや》けくあらむ人の世のため
古き殻《から》今こそぬがめ新しき　祖国を建てむ苦は背負いつつ

こういう歌を作って、五井先生は「これからが真実の人生だ」となんの目途《めど》もないのに、心の底から力が湧いてきたと言います。

日立製作所亀有工場の残務整理がついたあと、過労から病に倒れました。回復はしましたが、自分の工場における使命は終った、と日立製作所を退社しました。

具体的にどうする、ということではなく、祖国日本を熱烈に愛する先生の心は、新生日本再建にいのちを捧げることに燃えていました。

心の中に神さまをひたすら想う気持が起こり、神さま神さま！　と神さまだけを想いつづける毎日でした。

〝どうぞ私のいのちを神さまのご用にお使いください。どうぞ私の天命を一日も早くハッキリと現わしめ給え〃というのがその頃の祈りでありました。

メシヤ教にふれ、生長の家の説く「生命の実相」に感鳴し、谷口雅春師の草履取りになろう、とさえ思うほど「生命の実相」に傾倒しました。

天の理想を地の現実に、天国浄土をこの地上界に実現せしめるその一役なりとも、やらせていただきたい、と心は燃えていたのです。

天と地をつなぐ絲目のひとすぢと　ならむ願ひに生命《いのち》燃やしつ
み心にかなはば終戦日本を　救うみ業《わざ》にわがいのち召《め》せ

とはその頃の短歌で、その心がひたすらなる神への帰依となり、神への全託となっていきました。

だんだんと神のみ心に深く傾倒し、神のみ心、天意をこの身に現わしたい、という熱意をさえぎるものはありませんでしたが、肉の身を持つ人間として、自己保存の本能にどうしても勝てなかったようです。

なぜそう言うかと申しますと「肉体人間は何事もなし得ない」という諦念を、しばしば口にもらし、人にも説き、天意、神のみ心をなし得ない肉体人間の本能を、ついに神への全託行によって消滅させた、という経緯をよく五井先生からお聞きしているからです。

肉体人間として、利害得失にとらわれ、自我を脱しきれないこのどうしようもない本能というものから解脱できるのは、命の親である神さまに命を捧げ、おまかせするよりない、と心が決まって、五井先生の想念停止の修行が始まった、と考えるからです。

肉体の人間はつねに利害得失を考えて行動してしまっていますから、そうした生き方では天の理想を地の現実に顕現させることは到底でき得ない。と言って、肉体の利害得失をまったく考えない言動をとれば、忽ち人間は肉体の命を失なわざるを得ません。生きていかれません。

肉体を失なわざるを得ないとすると、何故神は人間に肉体を与えたのか？　肉体の上に理想を現わすために、肉体を生じせしめたのではなかろうか？　肉体の存在なくして、この地上界に天国浄土も、世界平和も実現しないことはたしかです。

肉体を持ったままで、肉体を消失させないで、どうして神のみ心、天意を実現することができるか？　五井先生はそれを熟慮されたにちがいありません。結論として、命の親である神、大愛である神、知恵ある神にすべてを投げ出してしまう、ということになったのです。

かつて親鸞上人は、人間は罪悪深重の凡夫なり、凡夫には何事もなし得ない、と肉体人間のはからいごとをすべて、南無阿弥陀仏と念仏に投げ入れ、阿弥陀さまにすべてをまかせ、運命の上に、人生の上に現われてきたことは、阿弥陀さまから賜わったもの、と決定して、念佛一辺倒になって、安心立命されました。

それとまったく同じく、神さまに全託し、その上で顕われ出てきた現象を、すべて神のみ心と感謝して受けとる。善しとして受け入れるということに徹底したのである。それが五井先生のひたすらなる感謝一念の生き方でありました。

そのことがありまして「お前の命は神がもらった。覚悟はよいか」と雷鳴の如き大声、否定しようにも否定しきれないひびきに、すぐ呼応して、一瞬の間隙もなく「ハイ、どうぞ」と答えた事実がありました。ここから先生の宗教は始まったのであります。

神さまがすべてやってくださる

人間はつねに、利害損得を考えて行動してしまう肉体人間のままでは、神のみ心のままに、良心の命ずるままに生きることが、どうしてもできない。できないから、なんやかやと自分の言動に必ず言い訳をする。理由づけ正義づけようとする。そして自分の利害損失で生きてしまう。そのように肉体人間はできています。だから五井先生は「肉体の人間は神のみ心の少しも、いや何ごともなし得ない」と言われたわけです。

自己の利害損得の上に立って生きる肉体人間では、ちょっとした愛行も、正義の行ないもできません。自分が得するから愛するのであり、自分に利があるから正義なのである。戦争も止むにやまれない、という状況があったとしても、それはあくまで肉体人間観の上に立っての行動であります。

肉体人間観の上にしか立てない地上の者に、果して真の平和を導き出すことができるのか？　この世に神のみ心の現れである「愛とゆるし」の生き方ができるのか？

五井先生は内省に内省を重ね、自己保存の本能、自己防衛の本能の上に立ってしか生きられない、肉体を持った人間の生き方に、ほとほと愛想《あいそ》も小想《こそ》も尽き果てて、何事もなし得ない、と見切りをつけ、その自分を神さまに投げ出したのである。

「神さま！　神さま！　神さまのみ心のままになさしめ給え」と神さまの中にすべてを投げ出したのである。これを全託と言います。

それで済んだわけではなく、それから神のみ心のままに生きるための、過酷なる訓練が先生に課せられたのであります。

すべてはみ心のままなのである。自分の利害損得には一切関係ない。み心のままとは肉体側から言えば嫌応なしである。生死をかけた想念停止の修行によって、肉体人間観より完全に解脱し、神我と一つになりました。直霊、神と一つになったのです。

それ以来、肉体人間の考え、想いではなくて、神のみ心、天意のままに生きる霊止《ひと》となったのでした。

五井先生が全託ということの説明をしてくださり「食べることも、神さまにまかせた」と聞いたときは、私はゾッとした。

肉体を持った人間は、食べなければ死ぬよりない。明日のお米がなくても、それでもよい、死んでもよい、と神さまに先生はおまかせしたわけである。

普通の人間は平気ではいられない。

今日死んでもよい。明日死んでもよい、と思ったわけです。思ってどうなったか？　先生は生きられたのです。明日のお米のことを一切思わなくても、この世に生きることが自然にできたのです。自己保存の本能がなくても、神さまが生かし給うた。神さまが生かしめたのでした。

五井先生はこの一事をもって、人間は神によって、大生命によって生かされている、ということを証明したわけです。

お米に困ることはなかった。

お金に困ることもなかった。

衣服に困ることもなかった。

住居に困ることもなかった。

人材に困ることもなかった。

すべて神の配剤により、お金もお米も衣服も住居も、人材も自然と集まってきたのでした。

「何を食い、何を飲み、何を着《き》んとて思い煩《わずら》うな。汝らの天の父は凡《すべ》てこれらの物の汝らに必要なるを知り給うなり。

まず神の国と神の義《ただしき》とを求めよ。さらば凡てこれらの物は汝らに加えらるるべし。この故に明日のことを思い煩うな、明日は明日みずから思い煩わん。一日の苦労は一日にて足れり」

イエス・キリストの言葉は見事に実証されたのである。

全託の道を進む

あるとき、五井先生を囲んで昌美先生と私と三人でお話がはずんで、こういう会話がやりとりされました。

「人間というものはなかなか我《が》をなくせませんが、そういうときはどうしたらよろしいですか?」

「お祈りにすべてを投げ込んでしまうようにすることだよ」

「我はいったい、どこから起こるのでしょうか?」

「自己保存の本能からだよ」

「しかし自己保存の本能がなければ、肉体人間は生きていけないんじゃないでしょうか?」

「生きていけるよ。神さまがすべてやってくださるから」

五井先生はご自分の体験から、そうおっしゃっていたのです。

神さまがすべてやってくださる――この信念一つで、先生は生きていたのだし、生かされていたのでした。だから昼夜、ひっきりなしに襲ってくる人類のカルマを、一身に引き受けることができたのであります。

神さまがすべてやってくださる、という全託の心――これが先生のすべてでありました。

全託するということは、神の絶対性、神の全能性を信じるということです。

五井先生はその著書で「個人を救い世界を救う者は、神の絶対性、神の全能性、神の大愛を全く信じ、神への全託の道を突き進んでいる者でなければならないと思う」と述べておられます。

全託への道を進むにはどうしたらよいか? 世界平和の祈りを祈って、神さまのふところに飛び込むことだ、と五井先生は繰り返し説くのであります。

私たちは〝世界人類が平和でありますように〟と祈って、神さまの中に飛び込みます。と同時に、全託を完成された五井先生を土台として、神さまの中に飛び込みます。土台として、ということは、五井先生に手助けしてもらって、導いてもらって、神さまの大光明の中に飛び込むということです。

〝五井先生、よろしくお願いします〟

と言って、五井先生を呼び、五井先生の中に真一文字に飛び込みます。そうすると、

五井先生が生かしてくださる。

五井先生が食べさせてくださる。

五井先生が息をさせてくださる。

五井先生が歩かせてくださる。

五井先生がねむらせてくださる。

五井先生が死なせてくださいます。

第4章　想いつづけに想う

空《くう》からの出発

「それを想いつづけて十何年。想いつづけに想った」

とは昭和38年8月、聖ヶ丘道場で五井先生がお話しなさったことである。想念停止の修行をなし遂げたのは、昭和24年6月末頃。そして空《くう》になり、さらに昭和37年2月、老子と合体し、老子の指摘によって、空の奥所《おくど》のその奥に達した先生が、想いつづけに想った、ということは何なのか？

空になって、何も想わなくなっても想いつづける、ということがあるのか？

そのへんのところは、自分が空になってみなければ実際はわからないところであるが、肉体の自分が想わなくても、肉体を動かす側の神霊はみ心のままに想うことだろう。心が澄みきって、雲一つない青空のような心になっても、人類の救いという立場になれば、何も想わないということはない。肉体がより神霊、本心と一つになり、言行一致、知行一致を肉体側に求めてくるだろう。

天と地をつなぐ者になった先生にとって、空が最終目的ではなく、ゴールではなかった。空は新たな出発点であった。

五井先生が想いつづけて十何年、想いつづけに想ったのは何なのか？

マイトレーヤーそのもの、救世主そのものになって、人類を業苦から解放し、救い上げることであった。

それは、神さまのお話、真理を説く救世主の五井先生と、肉体の器としての五井昌久がまったく一つになることであった。言と行とのあいだに少しの隙間もなく、まったく言行一致になることだった。

「肉体の自分の行いが、大救世主の五井先生が宣言している言葉と全く一つになり、そこにみじんの狂いもない、そういう人間になりたい、とどれだけ想ったかわからない。

それを想いつづけて十何年、想いつづけに想った。寝ても覚めても想いつづけた。

私の肉体の想い、行いと、大救世主の五井先生が宣言していることと、全くピタッと一つになって、一分一寸の隙間もない人間にならなければいけない、と思ったんだ私は！

肉体人間が偉そうなことを言って、何になるか！　言葉でならいくらでも言えます。その肉体が大救世主の大光明と全く一つにならなかったら、世界人類が救われないんですよ。私は寝ても覚めてもそれを想っている。

ピタッとしている時の気持ちのいいこと！　〝ああ、われ大救世主なり〟とそう思うんです」

想いつづける肉体が器である

口と行いがズレているのをそのままにして、自分がさも偉そうにしゃべっているのを、五井先生はもっとも嫌われた。

説法するのは神さま、それを肉体人間が聴いている。神さまが肉体を通してしゃべっている。口をきいている肉体は、それを聴衆とともに拝聴しているのだ、というわけである。

それにしても十何年、こつこつ想いつづけた想い。肉体人間観を捨離しつづけてさらに十数年。五井先生は完全に大救世主とピタッと一つになった。そして肉体に人類の業想念を引き寄せ、引き受けて浄めつづけられたのだ。

人類の業想念を身に引き受けて浄めつづけたということは、人類を救う救世主の仕事であり、大救世主の姿そのままであった。

寝ても覚めても想いつづける——ということの見本を、五井先生は私たちに見せてくださっていたのだった。

寝ても覚めても想いつづける、ということは、そして十年、二十年、三十年、死ぬまで想いつづけるということは、ものすごいエネルギーだ。愛のエネルギーだ、とあらためて私は思った。人類を救いたい、という先生の想いのすごさに感嘆したのである。

私たちが想いつづける、その目標の一つは、神さま、と想いつづける、ということである。

神さまを想いつづけるということは、世界平和の祈りを祈りつづける、ということである。

神さま（守護霊守護神）に感謝しつづけるということである。

私にとって、神さまとは、五井先生である。目に見えない守護霊守護神ではなく、かつては私たちとともに、この地上に肉体を持って生きていてくださった五井先生である。

目に見えない相手では、なかなか思いが定まらない。想いが統一しにくいものだ。けれど

数少ない直弟子である私の使命は五井先生を語ること、
五井先生を自分自身の上に現わすこと

五井先生なら親しい。そのうえに写真があり、録音テープがあり、ご著書がある。声も聴ける。目で見える。教えは目を通して納得できる。だから想いの的がしぼりやすい。ということは、想いやすいということである。

守護霊さんよりずっと想いやすい。想いが通りやすい。感謝の想いも自然に湧いてくる。私などの場合は、五井先生にまさに命を助けていただいた、という事実があるから、五井先生を想うたび感謝の心が湧いてくる。

神さまを想いつづける、ということは、五井先生を想いつづけることである。「ごいせんせい」と呼びつづけることである。五井先生を呼びつづけ、想いつづけて、神さまと自分の想いとが、髪の毛一本の入る隙もなく、水や空気の入る隙もなく、ピタッと一つになるまで、想いつづけることである。

うまずたゆまず、あきらめず、想いつづけて、神我一体となった五井先生という良い見本があるのだから、その見本を見つづけ、真似つづけてゆけば、私はいいのだ。

霊性（神性）を開発し、本心を開発するにはどうしたらいいか。五井先生がまず手本を示してくださった。

「神さま以外のことを想わないこと。それが本心開発、霊性開発の秘訣である」とおっしゃっている。

転んでは立ち、滑っては立ち、つまづいては立ち、あきらめず立ち上がり立ち上がりつづけてゆけば、一人一人に神より与えられている素質はかならず華開く。

それを信じて、私は五井先生の御名を呼びつづけ、五井先生を想いつづけ、世界平和の祈りを祈りつづけている。

救世の大光明の神々は、そのように祈りつづけ、想いつづけ、呼びつづけている肉体を神々の働きの器として、また場として使われている。

第5章　輪廻転生と本体論

「死」をハッキリと説く

五井先生は輪廻転生を認めていますし、死後の世界があることも確認していらっしゃるし、死後の世界の様相も教えてくれています。

死が迫った病人に、「死んだらどうなるのか？」と質問され、家人や医師や看護師が、あるいは僧侶などが「死んでみなければわからない」とか、死後の世界のこと、人間の生命の行方のことについて、何の知識も持ち合わせていないがゆえに、あいまいにしか答えられない、あるいは質問をはぐらかしてしまったりすることは、五井先生の説いていることを学んでいる人にはあり得ないことです。

これから死に赴こうとする人の真剣にして真摯なる問いに、少なくとも宗教家が答えられないとは、まこと情けないことです。

五井先生や他の霊覚者のように、死後の世界を見聞し、体験として知っていなくとも、人間の魂の問題、安心立命を扱う宗教者は、神霊について、死後の世界について、知識として学んでおくべきだと私は思います。

死んだら死後の世界がある。自分という意識がなくなることは決してなく、魂として生きつづける、と知っていれば、それが本から得た知識だとしても、質問を受けたときに伝えられます。伝えられた人は、安心して彼の世に旅立つことができるでしょう。

死にゆく人が大人でなく、子どもの場合、その効果は大きいものです。死後も生きている、親しい人に囲まれて、という指導のもと、新しい世界で生きるのだ、と知ることは、どんなに子どもの心を明るくし、安らかにするかわかりません。

私は五井先生から耳で聴き、本で読み、死後の世界のことを知りました。齋藤、村田の両長老からもよく聴いたし、昌美先生からも教わっていることは、たいへん幸せなことで、「死んだらどこへゆくのか?」「死んだらどうなるのか?」という真剣なる質問に答えられます。

真剣にして真摯なる質問をはぐらかして、そのまま放置して平気でいるのは、宗教者として怠惰でありましょう。

お釈迦さまは、お経の中でたびたび「これこれこういう前世の因縁で、今、こうなっている」ということをおっしゃっています。ご自分の過去世のこと、前世のことにもしばしば言及なさっています。

前世、過去世のあることをお釈迦さまは知っていたからこそ、そうおっしゃったわけです。前世、過去世を認めるということは、来世つまり人間の死後の世界と次の世の存在もご存知であったわけで、お釈迦さまにとってそれはごくあたり前のこと、常識であったでしょう。

けれどハッキリとお経の中で言及なさっていないので、お坊さん方もハッキリとおっしゃらないだけで、ご自分の経験として魂の行方、死後の世界のことをご存知のお坊さんがたくさんいらっしゃると思います。その経験をぜひ表に出して、人々の迷い、不安、恐怖を取り払っていただきたい、と切に願います。

現在は心の時代、と言われますが、その心も肉体に付随する心のことであって、肉体の死滅とともになくなってしまうような、はかない心です。人間死んだらゴミになるなんて、とんでもない誤解です。まだまだ物質思想に人は把《とら》われております。

人間は死んだあとも生き続けるわけですから、宗教者が導師となって、魂の行くべき世界へ導いていただきたい。葬式というのはそのための大事なセレモニーだと私は思います。ただ生きつづけるだけでなく、進化向上している、ということを、五井先生の著書より学んでいただきたい、と切に思います。

五井先生は『神と人間』の中で、次のように説いていらっしゃいます。

人間は本来形なく、姿なきものであり、神、仏と一つのものであって、光明そのものである。実相身、無礙身であるから、幽界があるとか、死後の霊魂が生きているとか、言うことは全然必要ないことである。只、ひたすら佛を憶念すればよい、と言われた場合、その理は真理であって、返す言葉はないが、只、ひたすら佛を憶念するだけで、安心の境界に入り得る人が一体何人あるであろうか。又、ひたすら憶念出来る人があるであろうか、という実際問題になるのである。

現代のように唯物知識の盛んな時代に、ただ人間は佛性であり、無礙心である、と言うことが、そのような実相論、本体論だけで、近代人を救いに導くことは、殆んど不可能である。

本体論、実在論、実相完全論を説きつつ、人間因縁論をも同時に説き、肉体界、幽界、霊界、神界（仏界）を知識として認識させ、本体はこうなのだが、因縁としてはこうこう、このように種々な界を経巡っているのであるから、本体を実際に確認し、実相界にて佛となるにはいかにしたらよいか、ということを教え導くようにするのが、宗教家であり、指導者でなければならない。

その意味では、心霊学者や、心霊研究家の仕事も大事であり、良い意味の霊媒者も必要である。

また旧来の仏教や道教、キリスト教も役立っているが、そのひとつに捉われてしまうようだと、到底悟りに入ることは出来ないし、現象の生活環境すら真実の善さを現わしては来ない。

宗教学や宗教哲学も大事であるけれど、心霊学者や心霊研究家の仕事も大事であり、良い意味の霊媒も必要である、とその存在と働きを認めているのは、人類を救い、人間を安心立命へと導く点において、五井先生の教えの大きな特長であります。

宗教者は自宗の神学とか教学にこだわらず、眼を大きく見開いて、救いという立場に立って、虚心坦懐に心霊現象も学んでいただきたいと、強く願っております。臨死体験の研究も大いに参考になると思います。

輪廻転生という現象は、霊魂の進化のために大きく貢献するものでありまして、大聖者になるまで幾たびも転生し進化してゆくものであります。そして、人間は神と一体なんだ、と自覚し、行いもそうなり得た人は、直霊と一体なのでありますから、もう輪廻転生から卒業するのであります。

生まれ変わり（転生）というのは、真の人間、真の自己を知るための経験を積むためにするものであります。

「解脱」は終わりではない

『宗教問答』にある、肉体人間の誕生や前世についての質問に対する五井先生の答えの最後に、輪廻転生の輪から解脱して、それで終わりではない、ということが書かれています。そこから初めて神の分霊としての人間の第一歩が始まるのだ、という意味のことを説いておられますのでご紹介します。

本論を書くにあたって、このことを私は申し上げたくて、今までペンを進めてきたわけであります。

最後に、最も大事な真理をお話し致しておきましょう。

それは今まで説いてまいりました「転生」や「前世」や「再生」などということは、人間の本体の世界、本心の世界のことではなく、あくまでも業想念の世界のことであって、人間本体は常に、神の世界において光明燦然たる光を放ちつづけている、ということであります。

その真理は肉体人間の頭脳で知ろうと知るまいと、厳然たる事実であって、この世や幽界、霊界を往来している人間（霊魂）は、水に映っている影のようなもので、その実体はなく、いつかは消え去ってゆくものであります。

ですから、真理の面から一言にして言えば、人間が自己の前生を云々したり、過去世の因縁や今生の幸不幸にひっかかったりして、一喜一憂しているのは、消え去ったもの、或いは今現われて消え去ろうとしているものを把え、追いかけるようなものであって、あまり知恵のある話ではないのであります。

前生云々と、常に言う人たちがありますが、前生はまたその前々生があり、そのまた前生があるので、いつの時代がその人の運命にいつ現われてくるか、はかり知れないのですから、すべての事物は、皆現われては消えてゆく姿として、その姿に把われる想いを世界平和の祈り、神のみ心の中に投入しつづけていれば、真理の世界にいつかしらず入っていって、自己の神である実体を知ることが出来るようになるのであります。

この大事な真理の話を書き写しながら思ったことは——

この世界に生まれて肉体を持ったことは、自己が神であることを知るためであり、そのために悲しみや苦しみ、喜びや楽しみを味わいつつ、実体を知るための経験を、今、一つ一つ積み重ねているところであり、その一つ一つの経験がたいへん重要なものである、ということです。

五井先生は始めに、人間本体論を説き、因縁因果論も同時に説き、その上で因縁因果すべてを〝消えてゆく姿〟と断じ、それを世界平和の祈りの中に投入することによって、本体の自己を現わせるように、観念的にも、実質的にも覚知するように、私たちを導いてくださっております。

因縁因果論も私たちの覚醒にいたるまでの修行に必要なものであり、覚醒に至ればみな消えてゆく姿となって、目の前から消えてゆくものであります。それゆえ修行として

うつりくるものなべて消ゆ消え去ると　ひたすら想へ心素直に

五井昌久

となるわけです。

罪が離れてゆく

五井先生は『白光への道』の中で「悔改めと把われの相違」を説いておられます。

実例として、お釈迦さまとアングリマーラ（指鬘外道《しまんげどう》）のことをあげて、真に悔い改めたとき、その瞬間から、その過《あやま》ち罪はその人から離れてゆくのだ、と説いています。

「宗教的に、本体論的に考える」とおっしゃっています。

宗教的に、本体論的に考える、ということはどういうことなのかと言うと、普通一般の人が自己と思っているものは、真実の自己ではなく、自己の想念なのだということです。

肉体を自分と思い、想念を自分だと普通は思っています。ところが人間の本体である自己、真の自分というのは、想念ではなく、霊そのもの、神そのものというわけです。「真実の自己には善も悪もない。すべて想念の中に善悪も、幸不幸もある」

指鬘外道と呼ばれた殺人鬼も、悔い改めたその日から、お釈迦さまは仏弟子として、罪を犯した外道とは全然別の人格として認められていたのだ、と先生はおっしゃるのです。つまり「悔い改めたその瞬間、その罪はその人から離れて消えてゆく姿として、その人の本体から離れてゆくのです」とおっしゃるのです。

本当に悔い改めていない場合は、その間違った想念行為が、いつまでもその人の本体を包んでいて、罪はその人から離れないことになるのだ、と言っています。

「本体から離れてゆくのである」という言葉が、私にはとても新鮮で、そして力ある言葉、心の闇を吹き消す光の言葉に感じられました。

悪かった、しまった、もう二度とこういうことはしまい、と心のなかで誓った瞬間、私の本体から罪は離れ、消えてゆくということです。最終的に自分の意識想念の中から、消滅、浄化させるために〝消えてゆく姿〟として、消えてゆこうとしている罪想念というものを、世界平和の祈りの中に投げ入れ、救世の大光明によってきれいに浄めてもらう、ということが私たちには必要です。なぜかと言うと、消えてゆく姿！　と言いながら、それにつかまって流されているからです。

世界平和の祈りの中に投げ入れ、救世の大光明によって処理してもらうことによって、消えてゆくものは完全に本体から離れ、再び自分に戻ってくることはありません。

再び戻ってきた罪意識も、徹底的に世界平和の祈りの中に、投げ入れつづける、ということをしていると、善も悪もない、いのちそのもの、光そのものの本体の自分が現われてくるのを、私たちは感じとることができるのであります。

業想念の分析をして、いちいち自分を咎め責めることが、これで消えていって、サッパリするわけです。

すべての苦悩は過去世の業想念が現われて消えてゆく姿、と割りきり、世界平和の祈りの中に投げ入れつづけることによって、原因はきれいに消えてゆくわけです。そして自己の本体、善も悪もない神そのままの本体本心に、私たちは還れるわけです。悔い改めることが完全にできる、という道を五井先生はかく教えてくださったのでした。

第6章　私を呼びなさい

二つの神

キリスト教団の中では、イエス・キリストは人間か神か、という論争がいまだにあるらしい。最近、読んだ本にそう書いてあって、なんてつまらない問題に、二千年も近いあいだかかづりあっているのだろうか、とあきれたものです。クリスチャンでない私たちでさえ、イエス・キリストは神である、と思っているのに。

人間を救うのは人間ではありません。人間を救うのは神さまです。

五井先生は宇宙神の働きを、私たちにわかりやすく、二つに分けて説かれました。

一つは法則の神、二つは愛の神、救いの神です。

法則は無情であり、無念であり、無相であります。無情であり、無念であり、無相でありますから、苦悩の底に沈み、悩む人にあわれみの想いを起こし、救おうなどという想いがありません。

人を助けたい、人類を救いたい、地球を救いたい、と思って、愛の手をさしのべ、みずからのからだを犠牲にしてまで救済してくれるのは、愛の神、救いの神、守護の神であります。

この愛の神、守護の神が、大神さまから地上に遣わされたイエスであります。そして五井先生であります。覚者と言われている方々、聖者と言われている方々は、みなこの愛の神、守護の神の化身であります。

この方々は守護の神霊の援助によって、地上の泥沼から脱け出し、自由自在身になっております。苦悩の想いを一切消滅させて、本来の光明心そのものになっております。

愛の神、守護の神々がこの方々に働きかけて、光明を送り、浄めのパワーを送り、民衆を救い上げていったのであります。

普通の肉体人間が肉体人間を救えるわけがありません。泥沼から救い出すどころか、その重みによって、両者ともに泥沼に転がり落ち、ともに泥まみれになってもがくだけであります。そこに光明の手をさしのべるのが、愛の神、救いの神であります。さしのべてくれた光明の手をつかんだ者を泥沼から引き上げるのであります。

イエスが肉体人間である、という思想、考えを持っている人は、イエスに向って〝助けて！〟と求めも叫びもしないかもしれません。あ、でもないこうでもないと、いつも頭で考えているだけでありましょう。

イエスが神の人と信じられる人は、イエスとともに十字架にかけられた泥棒の一人のように、イエスによって忽ち神の国に入れます。

イエスはキリストです。神さまです。

五井先生はキリストです。神さまです。

キリストとは真理ということであり、救世主ということであります。

肉体に生きている人間の本体は神であり、真理であり、キリストです。イエスだけがキリストなのでなく、五井先生だけがキリストではありません。人間は本来、誰も彼も神の分霊であります。業生のもの、苦悩にまみれ泥にまみれ、救われがたいものではありません。神の分霊、神の子、神の光の一筋であります。

五井先生はまずそのように、人間の真の姿を教えてくださいました。そして真の姿を自分の上に現わしました。そして私たちに呼びかけました。〝私を呼びなさい〟と。

苦しいとき、辛いとき、悩んでいるとき、私を呼びなさい、私があなたの重荷を軽くしてあげる、とおっしゃったのです。軽くしてあげるということは、その人の重荷の半分をご自分が背負ってくれる、ということです。先生が背負ってくれるから、その人は肩の重荷をおろしたように楽になるのです。

楽になって〝神さま！　五井先生！〟と呼んで神の国に入るのであります。

友よ

私が三つの結核で、息もたえだえに弱っていたとき、五井先生がお見舞いに来てくださり、祈ってくださり、「君が私を想っているとき、私は君のところに来ているんだよ」とおっしゃり、帰りぎわに、ふっと振り向いて「高橋くん、私にまかせなさい、いのちをまかせなさい」とおっしゃいました。そのお言葉を待っていたかのように、私は「ハイまかせます」と思いました。

のどをやられていて、声が出なかったからです。今迄の私の中に渦まいていた想いが、先生の言葉にその流れの先鞭をつけられたかのように、一勢に五井先生に向って流れていったようです。

五井先生はそのあと、両親に何事かお話しなさり、お帰りになりました。

その晩、今までからだが熱っぽく、夜も咳で眠れなかったのが、枕元でラジオから流れるクラシックの音楽に調べに、いつの間にか眠ってしまいました。眠りに入るときの状態が今でも、年がたってもハッキリ憶えていますが、両手、両足の指の先から、想いでしょうか、それが指の一本一本から抜かれてゆくようでした。海が引潮のときに、サーッと引いてゆくように、私のからだの中から何ものかが引き抜かれて、ぐっすりと眠ってしまったのでした。

これが二晩つづき、それから私のからだは快方に向っていったのです。

そんな状態のときも、私は詩を書いておりまして、でき上がった〝山鳩〟という詩をお見舞いに来てくださった横関実さんにお渡ししました。横関さんはその詩を五井先生に早速、お見せしてくれたのでした。昭和31年6月初めのことです。

山鳩

山鳩君
今朝も鳴いてくれたね
姿は見えないけれど

君の丸《まる》やかな
朝のさわやかさと調和した声をきいていると
心が楽しくなるのだよ
心が嬉しくなるのだよ

山鳩君　君は
暫らくの間鳴いてくれなかったね
そうなんだ
あまり人間が多くなったからなんだ
妖気を吐く人間の毒気に当てられて
人間臭くない丘の松林にかくれてしまったのかと
僕は淋しく思っていたのだ

けれど山鳩君
昨日も今朝も鳴いてくれたね
姿は見せていないけれど
一声か二声だけど鳴いてくれたね
君の丸やかな

朝の清々しさと調和した声をきくと
僕の心は楽しくなるのだ
僕の心は嬉しくなるのだ

これを読まれた先生は〝友よ〟という詩を書いてくださいました。横関さんが五井先生に「髙橋くんにすぐ見せてあげて」と頼まれたので、持って来た、と言って渡された原稿用紙を寝ながら広げました。

友よ

五井昌久

――病《や》める友静かに上ぐるその眸《まみ》の晴《すが》しき色は天《そら》を宿せり――

朝は山鳩の声に
夕はふくろふを友として
君は今病床に魂を磨く

友よ
君が今日まで辿って来た道は
白光に至る進化の道程

青い空　高い空
君の眸にうつるもの
それは神
君は神の中に自分を投げ出し
自分の中に神を見出さうとした
そして君は
私の中に神を見出し
すべてを私に捧げてくれた
私は君の魂を受けとめ
君を神の座に高め上げようと祈った
世界平和の祈りに明け暮れ
君は次第に神々に認められ
天使のささやきを時折り自分のものとした
——我が天命を完うせしめ給へ——
君は病躯を欣然《きんぜん》として
自己の使命に邁進した

闇の木立を背景に

君は今病床にゐる
君の病床は漸く天界に上昇し
君の魂は木立の闇を超《こ》えて
真実の光をしっかり自己のものにした

君は新しく甦る
明るく清く凜然と
白光の道を天使の道を
澄み徹った知性の中で
はっきり自分の道として
見舞ふ人々の眸《め》をむかへ
輝やく微笑の顔を上げる

友よ
病みながら生命《いのち》すこやけき友よ
世界平和の魁《さきがけ》の
天地《あめつち》つなぐ光の柱は
愈に強靭となって拡大する

君もその美しき一つの光線
日本は極東の一小国ではない
君は一個の肉体ではない
大生命の中心と
小生命の中心が
今病床から立ち上がるところなのだ

初出＝白光誌昭和31年7月号
詩と随想『ひびき』に収録

私は読みながら泣きました。五井先生のお気持がストレートに私の胸の中に入り、感激しました。

私は五井先生の中に神を見、五井先生にいのちをおまかせいたしました。そして、今があります。

私の信仰の原点は、ここにあります。いのちの源でもあります。「ここ」とは五井先生のことを指します。年数をへればへるほど、五井先生を呼ぶ心は熱く、今も呼びつづけております。

信仰とはシンプルなものであります。私の信仰はただひたすら五井先生を呼ぶこと、世界平和の祈りをすることであります。それ以外にありません。そのようになりました。五井先生は救済の神、愛の神です。天と地をつないだ者です。自分の身を橋にし、階段にし、あるいはエレベーターにして、天界へと皆を渡し、引き上げてくださいます。天と地、神と人間との間に、光の道をつけてくださった。そしてこの道をゆけばいい、と教えてくださいました。だからそのとおりにしております。

この道を歩みながら、いろいろな想いが出てまいります。しかしそうした想いはみな想いが現われては「消えてゆく姿」であります。だから消えてゆく姿の想いは、五井先生の大光明の中に入れます。祈りに働く救世の大光明にお渡しします。

「五井先生！」と呼ぶことが、大光明の中に入ることです。〝世界人類が平和でありますように〟と祈ることが、想いを救世の大光明にお渡しすることです。

想いの始末はすべて大光明がしてくださいます。自分を責めることも、人を責めることもありません。ただ神さまの大光明の中に入ることだけであります。

「神さま」より「五井先生」

信仰する者にとって、神さまに想いが通じやすいか、通じ難いか、ということは大問題でして、通じやすいに越したことはありません。でもどうしたら通じやすくなるか？　神さまと私とのあいだに、想いとして天と地ほどの差があると、これはたいへんです。神さまを呼ぶことも難行苦行です。

たとえ天と地ほどの差、想いの距離があったとしても、その天と地のあいだに立って、橋の役目、エレベーターの役目をしてくださる方があれば、そういう方が存在している、と知っただけで、その距離は縮まります。安心いたします。

五井先生のもとに縁によって集まった方々に、五井先生はみずから心身を橋として、梯子として、エレベーターとして投げ出されたのです。縁なき衆生は度し難し、という言葉がありますが、五井先生にとって、縁なき衆生という衆生はおりません。

その証拠に、「世界人類が平和でありますように」という祈りを提唱されました。自国や自民族だけではなく、広く人類にまで手をさしのべました。地球人類にまで広げただけでなく、幽界、地獄界というところで苦しむ魂《みたま》たちにまで、救いの手をさしのべたのです。

救うということはそういうことです。

仏の光が放たれる状態を尽十方と言います。天にも地にも、横には地球のすみずみまで、どんな宗教の人々までをも包み込む。それが尽十方に放たれる仏の光であります。

五井先生は下町生まれ。肉の身は五尺二寸くらいでありますが、そのからだは大きく地球全体を包みました。だから人類の業想念を肉の身に受けて浄める、というお仕事をされました。

これはひとえに人類を救いたい、という大愛、大菩薩心より生まれきた心であります。

そういう五井先生という仲介役、救済者を目の前にして、私たちは「五井先生！」と呼ぶのに、なんで躊躇しましょう。

五井先生みずからが「私を呼びなさい」とおっしゃり、「かならず救う」と約束されているのですから、その呼びかけに応じないで、何とか自力で頑張ってみよう、などといういじけた考えはいりません。幼児のように素直に、一心に五井先生を想い「五井先生！」とお呼びしたのです。

そして神のみ心に通じる「五井先生」という唱名に感動して、ますます呼びつづけ、いかなるときも「自分は神さまとともにある」「神さまの光のなかにある」という信念を自分のものにしているのであります。

なぜ「神さま！」と言うより「五井先生！」のほうが通じやすいのかと言うと、神さまは、抽象的で目に見えない。五井先生なら、かつてわれわれと同じように肉体を持ち、空気を吸い、ごはんも召し上がった、「写真」もある、肉体感覚でハッキリとつかまえられる存在だからです。

そして五井先生の中に入ってゆけば、そこは光ですから、執着の想いが消えて、心が平安になるという経験をたくさんの先人が味わっていますし、私も何回も何回も経験しております。そういう前例があるから通じやすいのです。

「五井先生！」というのは言葉として短くて、咄嗟に出てきます。これが落語の寿限無寿限無五劫のすりきれ……なんていう長い名前だったら、咄嗟に出てきません。どんなときもパッと出てくる短い「ごいせんせい」という呼び名だったら、危険な切羽つまったときもパッと出てきます。出てくるということはパッと救われる、ということです。言うなれば瞬時に次元上昇できるのです。

憑依霊と言われるような想いのかたまりに襲われたときも、咄嗟に「五井先生」と呼んで、光の中へ入る。光の中に入れば、憑依霊と言われる邪念のかたまりは消えてゆきます。「五井先生！　と言って一歩前へ踏み出せ」と五井先生は教えてくださいました。「五井先生！」と呼んで一歩前へ踏み出すことによって、五井先生の大光明が相手に放射されます。放射されつづければ、どんな業想念のかたまりも消えてゆきます。

神さまの大光明に敵う業などない、と五井先生が断言されていますように、業想念は光に変容するのであります。これを私たちは胆に銘じ、心に保持しておくべきです。

神さまの光明力は無限です。全能です。その全能力、光明力が、五井先生！　と呼ぶことによって、放射されるのです。一個の肉体人間にはできなくとも、五井先生ならできるのです。五井先生が浄めてくださるわけですから、「五井先生！」と私たちは必死で呼べばいいわけです。

村田長老の「五井先生を呼ぼう」

私の敬愛する故村田正雄長老も、五井先生の名を呼ぶことをすすめておられます。

村田長老は霊界神界に、自由に出入りのできる稀有な霊能の持ち主でした。謙虚で、正直で、朴訥で、菩薩心に富んだ、何事にも研究熱心な方でした。

お母さんがいつも霊人たちと交流しているのを、子ども頃から見ていて、それが当り前と思っていました。そのお母さんの霊的資質をそのまま受け継いでいるのを、ご自身は大きくなってからも気づかず、五井先生にお会いしてから、自分の特異性に気づいたというお人でした。

その霊能が五井先生のお導きによって、人助けのために用いられるようになってから、急速に進歩向上して、個人指導にも大きい力を現わし、筆をとっては、霊界（神界）に移行した法友を訪ねて、その法友をインタビューする記事を白光誌に発表しました。宇宙人との交流も記事にして発表しています。これらは白光真宏会出版部から『私の霊界通信』（全5巻）『苦界の救われ』『霊界にいった子供達』（全2巻）『七仙人の物語』『空飛ぶ円盤と超科学』『宇宙人と地球の未来』として出版されています。

白光誌昭和40年3月号に「他界した法友」というタイトルで発表された文章があります。これはまだ単行本として出版されていませんが、秋田市の法友、原茂さんとの熱い手紙の交流から、この物語は始まっています。

村田長老の霊眼には、原さんの霊界移行決定が映し出されておりました。しかし原さん自身にはその準備ができておらず、病からくる苦痛に想いが引きずられ、苦しみの中に沈淪していたのでありました。

秋田に出向いた折、病院に見舞い、原さんに直接伝えた言葉が物語の冒頭で紹介されています。「五井先生を呼ぼう」と原さんに呼びかけているのです。

五井先生を呼ぼう、五井先生を。
五井先生を呼ぶ時は祈りがあるからだ。
五井先生を呼びつづける時は、
世界平和の祈りの中からだ。

五井先生を呼ぼう、五井先生を。
五井先生を呼ぶのは
われらのいのちの中からだ。
いのちの中には生もなく死もない。
いのちは白光として輝きつづけるのだ。
永遠に　とこしえに。

五井先生を呼ぼう、五井先生を。
われらが師、五井先生を。
いつくしみの目差しで見守って下さる五井先生を。
五井先生を呼ぶ中には

生死を超えた安らぎがある。
平和があり幸せがある。
いつでもどこでも五井先生を呼ぼう。

原さんを苦しみから救い出してあげたいという、村田長老の切々たる祈り心、慈愛の心が感じられます。声が聞こえてくるようです。

村田長老は『苦界の救われ』という本のなかで「私の修行は苦界に沈む縁者たちを救い出すことから始まった」と述べています。

「あともう少しで苦界の中に降りられるはずなのに、それ以上降りられないのでした。私は咄嗟に大声で〝五井先生!〟と呼び、呼びつづけました。〝どうかこの地獄で苦しみあえぐ人たちを救って上げて下されー!〟と一心に五井先生を呼びつづけました。ものすごい閃光と同時に、五井先生の強い柏手のひびきがあたり一面にこだまして、強烈な光が放射されました」

五井先生! と呼ぶことによって、自分ができなくとも、五井先生の大光明がそこに輝き、苦界から人々が救い上げられてゆく、という様子を、修行中の村田長老は見ております。

五井先生! とお呼びすることのすごさを、何回となく体験している村田長老だからこそ、原さんにも他の人にも、誰にも「五井先生を呼ぼう」と強くすすめているわけです。

村田長老同様、私も「五井先生を呼ぼう」と自分自身で呼びつづけ、人に強くすすめているところであります。

「ごいせんせーい」と呼ぶことは、五井先生の大光明の中、大平安の中に入ることです。呼べば五井先生があなたの手を引いて、光の中に引き入れてくれます。

絶対絶命のとき、死を宣告されたときは、遠慮することなく五井先生を呼びましょう。「五井先生！」とお呼びすることは、正直に言ってすがることです。すがることは、恥ずかしいことではありません。自分が神であることをまだ自覚できないのであれば、その現状を素直に認めて、五井先生、助けてください、と呼ぶことです。

今は神人になって、光そのものになって、天界にお帰りになったお人も、そうなる前は泣いて、五井先生！　五井先生！　と大声をあげて呼びました。泣きながら呼びました。それこそ恥も外聞もありません。五井先生の光の中、大平安の中に入ることが先なのです。大事なのです。呼びつづけ、呼びつづけて、その人は死の恐怖、病気の恐怖を超えて、五井先生の中に入りました。そして安心立命しました。

医者に余命3か月と言われても、感謝して受容できました。そして大往生を遂げました。

私のいのちの親、五井先生

五井先生が昱修庵から一歩も外へ出ることなく、人類の業を一身に引き受けて、昼となく夜となく浄めつづけておられた晩年のことです。

「髙橋くんはなぜ、秀和のことで相談に来ないのか？　もっと甘えていいのに」

とおっしゃったことが、人づてに私に伝わってきました。

秀和とは私の次男で、生まれたとき産道で一寸引っかかり、結局、脳性小児マヒの障害をかかえました。

面と向かって言われるより、このように人づてに言われると、余計に身に沁みます。涙が出て止まりませんでした。

けれど、毎日、五井先生のおからだの厳しい状態を見ている私には、五井先生に甘えることができませんでした。五井先生のお心はよくわかっていましたが、どう秀和のことを相談していいのかわかりませんでした。ですから相談することは申し訳なくてできませんでした。先生のほうでは待っていてくださったのに、できなかった。

そんなこともありまして、五井先生は私の唯一のお師匠さんであるけれど、私には親のように思えるのです。肉親の親以上にです。いのちの親、魂の親という親しい親しい感じがあるのです。

五井先生は私のいのちの親。だから私は五井先生から生まれてきた、と思っています。だからこの世を去るときも、産みの親、愛する慕わしい五井先生のもとに帰るのだ、と思っています。そして五井先生とともに、また大きな仕事を法友たちとともにするんだ。そう思いますと、死というのが怖くなくなります。

五井先生、五井先生、と名を呼ぶ唱名が、生死の関門の扉を開ける鍵になっています。

無限なる光の世界に入る。無限の世界に還る鍵になっているのです。いのちの親のもとに帰れる、と思っています。これは大きなことでした。死ぬのではないのです。ほかならぬいのちの親の五井先生のところに帰るのです。いのちのふるさと、魂のふるさと、五井先生に帰るのです。

五井先生、五井先生とひたぶるに五井先生を呼びつづけているうちに、自然とそう思えてきました。

「われを呼べ！」という五井先生のお言葉に従っただけなのに。五井先生が天と地をつなぐ者になり、天と地をつなぐエレベーターになって、五井先生の名を呼ぶ者を一人残らず、光のエレベーターに乗せて、天界に連れていってくださる、そう信じて、五井先生を恋しいまま、五井先生を慕うまま、唱えつづけていたことの結果です。

息を吐きながら五井先生を呼ぶ

シニアメンバーで故人の中川正二さんですが、自社の倒産整理を何度か経験しました。会社がダメになる、というとき、心配で心配で、倒産したらどうしよう、という恐怖の想いで夜も眠れませんでした。

五井先生に、そういう心情を正直に打ち明け、どうしたらよいのかお尋ねしました。

五井先生はこう答えました。

「あなたの骨は私が拾ってあげる。息を長く吐きながら、ごいせんせーい、とゆっくり呼びなさい。そして私の中に入って来なさい」

中川さんはそのとおり実行しました。夜は眠れないから、布団の上に座ってお祈りしました。「ごいせんせーい」と息を吐きながら、ゆっくり五井先生の名を呼びつづけました。

「五井先生の中に入る」という秘訣が、五井先生を呼ぶことだと気づきました。つづけているうちに、五井先生が骨を拾ってくださるとおっしゃったことを思い出し、五井先生におまかせしよう、おまかせすれば大丈夫、とふっと気持ちが転換して、会社を整理することに心が決まりました。恐怖心が薄れ、五井先生におまかせしておけば、五井先生がうまくやってくださるに違いない、と「ごいせんせーい」という唱名をゆっくりした呼吸でやりつづけました。そして恐怖を乗り越えたのでした。

「ごいせんせーい」と呼ぶことは、先生の言うとおり、五井先生の中、五井先生の大光明の中、大安心の中に入ることだったのです。呼べば五井先生が手を引いて、五井先生の中に入れてくれるのです。

もう席は取ってある

絶体絶命のとき、もうだめだ、というとき、たとえば医者から余命いくばくかと、と宣言されたときは、心が揺れながら、心配しながらでいいから、遠慮することなく、五井先生を呼ぶことです。

それも急いで呼ぶのではなく、ゆっくりと息を吐きながら「ごいせんせーい」と呼ぶのです。それを繰り返して、心が落ち着くまでやることです。

ゆっくりと五井先生の名を呼びながら、死を迎える運命の人は、五井先生の光に包まれて逝くのですから、逝く人は安泰です。

そのときに「いい世界へ行きたい」などと余計なことは思わず、ただただひたすら五井先生だけを呼びつづけ、五井先生の中に入ることだけに専念することです。

「目の前のことはすべて捨てて、神だけを想うことですよ。そうすると行くべきところに自然に行けます」

と五井先生は助言してくださっています。聖ヶ丘の統一会でのお話で「いい席を取っておきますから安心してください」とも、おっしゃっています。

もうあちらにあなた用のいい席が予約されているのですから、安心です。

目の前のことは一切捨てて、神さまだけを想う、ということが秘訣です。

ひたすら五井先生を想う、神さまを想う。不安も恐怖もすべて五井先生の中に投げ入れて、ただ五井先生だけを想いつづける――これが最高の秘訣です。

五井先生の中に入る、ということは、五井先生がご存命中も、肉体が亡くなられてからも同じです。小柄だった五井先生のおからだの中に入るではないのです。「五井先生」と呼んで、五井先生という光の本体の中に入ってゆくのです。五井先生という唱名を通して、永遠の生命の世界に入っていくのです。

みなさん、ぜひ、やってみてください。五井先生の光の中に入ってください。

平和の祈りと同じこと

私たちは死ぬのではありません。

いのちの親の五井先生のところに帰るのです。いのちのふるさと、魂のふるさと、五井先生に帰るのです。

肉体界に生きている役目が終わって、私たちはいのちの大親さま五井先生、光の大元、五井先生のところに帰り、次の新しい活動の世界に入り、いきいきと生きつづけられるということです。

「五井先生！」と呼ぶことは、その原動力になっています。

この世に生きているあいだも「五井先生」と呼ぶことによって、不安から安心、闇から光明に転換してくれる重要なポイントになっています。大事な転換点、シンギュラーポイントです。

入るから安心するわけです。

入るから平和になるわけです。

五井先生の中に入るから波立つ波も静まって、浄まり、自分も光になるわけです。

一寸先は闇——というこの世の常識が、一寸先が光、になるのです。

一寸先が光であれば今も光。過去にも過去世にも光がさかのぼっていって、過去も過去世も浄化し、光になります。

そして未来も光になります。

「五井先生」と呼ぶことは、過去現在未来を、光いっぱいにしてくれます。つまり神の光の一筋という、本来の姿に私を復活させてくれるわけです。

何回も言いますが、これは私たちからの一方通行ではなく、五井先生のほうから先に「私を呼びなさい」と言われたのです。五井先生が奨励されたのです。先生のほうからさしのべられている光の手を、私たちはつかむこと、握ることになるわけです。

五井先生が手を握って引き上げてくださる、光のエレベーターに乗せてくださることになります。嬉しいにつけ、悲しいにつけ、苦しいにつけ、何かあるとき、ないとき、どんなときでも、つねに、つねに「五井先生！」と言えば、光のエレベーターに引き入れてくださり、スーッと先生のところに行っている、というわけです。

それをハッキリと実感できるまで、私はやりつづけます。

私のいのちが永遠のいのちであって、私の魂が光り輝く神であることを、ハッキリ自覚できるまでやりつづけます。

これが今、私が一生懸命やっていることであります。

世界平和の祈りはどこにいったのか、と思われるかもしれませんが、五井先生は祈りそのもの、平和の祈りのご本尊でありますから、五井先生！　と呼ぶことは、平和を祈ることと同じです。

第7章　悪がこの世にある理由

神を完璧に知った

百知《ひゃくち》は一真実行《いっしんじっこう》に及ばず
誠実真行万理《せいじつしんこうばんり》を識《し》るに勝《まさ》る

これは千鳥会主催の心霊研究会の席上、役行者の高弟と称する大峯仙人より、フーチで五井先生に与えられた霊訓である。

神さまをひたすら想う、という、そして神さまの大愛、大光明力に全託するという一真、誠実なる実行が百知を超え、万理を識ることより勝って、五井先生を大光明の中へ突入させた。そして先生はそれを知り、神を完璧に知り、神と一体、真実の自己と一体化された。

そして五井先生を揺るぎない光明思想家にして、実践者にしたのである。

20世紀は戦争につづく戦争だった。人間同士が敵味方に分かれ、戦い合い、殺し合い、勝者かならずしも喜ばず、敗者もまた国を失い、両者ともに傷つき、多くの命が奪われ、暮しが奪われ、都市を廃墟にしてしまった。大自然も破壊され、人々は生きるのが容易ではなかった。

大東亜戦争も2発の原爆投下による大量殺戮行為によって、ようやく終止符を打つことができたが、敗戦国日本は、立ち上がるのに苦労した。その後も米ソ二大国の対立がつづき、相次ぐ核実験によって地軸も傾くほどだった。

朝鮮戦争、ベトナム戦争や、キューバ危機、中東に勃発した幾多の戦争……とイデオロギーの対立と同時に、覇権をめぐっての緊張や争いは各地に絶えることなく、核兵器製造に両国を狂奔させた。世界は地球規模で起こる戦争に、つねに脅かされてきた。

こうした激しく揺れ動く世相の中で、光明思想を貫くことは大変なことだった。日本における光明思想のパイオニア谷口雅春師には、〝消えてゆく姿〟観がなかったから、ないと言っている敵を認めて作り、ないと言っている罪業（業想念）を心の法則で作ってしまい、ずいぶん心が揺れたようである。その点を五井先生は厳しく批判されていた。

谷口師は光明思想家であったが、現象に惑わされ、敵を認め、業を認めて苦しまれたことを、みずから機関紙に書き記している。

五井先生も同じく、人間は神の子、完全円満という光明思想家であるが、人々に実践をすすめるにあたって、〝消えてゆく姿〟という真理を説き、守護霊守護神の存在と、シンプルな世界平和の祈りと、祈りに働く救世の大光明という、神の大愛、大智、大光明力を説かれたことにより、人々を苦悩より救い上げていった。

すべての想いを消えてゆく姿にして、世界平和の祈りの大光明の中に投げ入れさせる、という生き方を通して、人々を光明思想一元、神一元、愛一元の世界に導き上げたのである。

五井先生自身が神一元の光明思想に徹底していたからできたのである。一真実行によって神さまに全託し、神のみを想いつづけ、神そのものになったからである。空即実相を体験したからだ。

米ソの対立によって引き起こされた種々さまざまな荒波はこの世を乱した。騒がした。人々をして、世界平和など実現するわけがない、と思わせた。その世界の様相は現在でも変わらない。

しかし五井先生は、「世界人類はかならず平和になる」と、繰り返し断言なさった。

幽界という、肉体人間世界と神霊界のあいだにある世界には、大戦争によって、天変地変によって人類が滅亡する様相が展開されており、それがこの肉体世界に現われようとしていた。そのまま現われれば世界は大戦争になり、天変地変が起こり、人類は滅び地球も壊れてしまう。さまざまな予言がなされてきたのも、そういう様相を予言者たちが見ているからである。

幽界での破滅の様相を地上に現わさないようにするため、世界平和の祈りが提唱された。この祈りをするところに、救済の神々の団体から救世の大光明が放射されることになった。これは五井先生と神界との約束事であった。

人々の世界平和の祈りに応えて、救世の大光明が降ろされ、放射されることになった。それによって幽界は浄化され、徐々に光明化され、天変地変も小規模化され消えてゆき、戦争も大戦争でなく、小さな戦いで消されている。

それでも足らなくて、五井先生はみずからの肉体をさし出されて、その肉体を通して大浄めをなさった。人々の世界平和の祈り、救世の大光明、宇宙天使の協力、そしてご自身の大犠牲行為によって「世界はかならず平和になる」と断言されたのである。

光明思想に敵はない

五井先生の光明思想には、神は愛とゆるしである、しかない。

五井先生の光明思想には、人類一人一人が神の子で、完全円満である、という真理しかない。

五井先生の光明思想には、敵はない。

五井先生の光明思想には、神による平和しかない。

五井先生の光明思想は「空《くう》」から出発している。空即実相なのである。

神以外、実相以外、実在以外は、一時は存在するかもしれないが、すべて空なのである。ソ連もロシアもイギリスも中国も、空なのである。実在するのは神のみ心と神の世界のみ。光明のみ。愛のみ。大調和のみ、なのである。

肉体も肉体界も空なのである。

空と言っても無と言ってもわからないだろうから、すべて時間とともに消えてゆくものである――と先生は説かれた。したがって想念も空、サタンも空なのである。空と言うより、無と言うより、この説は理解しやすい。時間とともにあらゆるものは変化変滅し、そして消えてゆく。肉体も消えてゆく。星々も消えてゆく。

空と言ったって在《あ》るじゃないか？　そう、在る。在るけれど、神のみ心のごとく、神の光のごとく、神の生命のごとく、未来永劫に在るのではない。ある時間がたてば消えてゆく。

その時間もあるものは千年も万年もつづくかもしれないが、あるものは瞬間的に姿を変えて、目の前から消えてゆく。すべての存在は、みな光に押し出され、この現われの世界に形となって現われ、そして消えてゆく。五井先生はそれをよくご存知だったのである。肌身に沁みて知っていたのである。

うつるものおのずうつりておのず消ゆ　己《おの》れは澄みてただひそかなり

と五井先生は短歌に詠んでいる。

悲惨な姿を呈して消えてゆく業に、心は動くことはなかった。苦しみ悩み痛む人間たちの姿に、神の憐れみの心、慈愛の心が動き、光が放射され癒すだけであった。五井先生の想いは神のみ心から離れることはなかった。ただ人類への慈愛の想いだけがあったのである。

神だけを想いつづける

自叙伝『天と地をつなぐ者』の中にこういう一説がある。

ある日、K町のある家で、そこの家人の開運の祈りを頼まれて祈っているうちに、その家の職業上の因縁因果による感情霊魂の大群が私に襲いかかってきた。瞬間はちょっと驚いたが、幸いに想念停止の練習をしていた私は、すぐ自己の想念を停止する統一に戻って、神のみに想いを集中していった。霊魂群は後から後から私を攻めてくる。うっかりすると、体が前後左右に揺れ動きそうになってくる。しかし想いをゆらさずじっ

と神を想いつづけていると、激しい眩暈を感じてきた。つむった両目の奥から脳髄全体がぐたぐたに崩れそうな感じがしてくる。

〝これは倒れるかなあ〟とふと思ったが、すぐ〝自己の想念を出すな〟という背後霊団の言葉が〝ちらり〟と頭をかすめる。心気をしずめてまた神を想いつづける。苦闘約一時間、私の心気が澄み切った、と思われた時、感情霊魂の大群は私の周囲からすべて消滅していった。すっかり浄まっていたのである。

表現上、五井先生は感情霊魂と言っているが、霊は神そのものであって、悪霊とか感情霊というものはない。悪想念群、あるいは感情想念のかたまりというものである――と先生は別の本の中で書かれている。だからこういった類《たぐい》の存在は、すべて想念が集まってできた集念体というものなのであろう。年月をへてくると力を持ってくるものであるが、五井先生が神のみに想いを向けつづけていると、神の光明によって集念体は消え去ってゆくもの、浄まってゆくものである――と先生は教えてくださっている。

五井先生はどんなものに相対しても、そのものをどうこうしようとなさらなかった。ただ神のみを想いつづける、ということ、神の光明を発しつづける、ということだけをなさった。浄めてやろう、祓ってやろう、想いを取ってやろう、と対抗する想いは一切出さず、神一念の心にすべてを包み込んでいったのである。

霊性神性開発の秘訣は、神だけを想いつづけることだ、という五井先生の言葉はこうした体験からきている。

対抗心を起こせば、対抗心によって、対抗する相手が生まれる。対抗心を起こさず、ただ神のみを想う、神一念だけになれば、対抗するものはなく、神だけになる。これが五井先生の教えを学ぶ者の、想いの基本である。

対抗する想いというものも、不安想念の想いも、世界平和の祈りの中に投げ入れ、投げ入れ、ひたすら「世界人類が平和でありますように。五井先生！」という想いになってゆけばいいのである。この練習が、統一ということである。

『霊性の開発』という著書の中でこう述べられている。

「業想念、無明というものは本来性のものではないので、或る限度になってきますと、どうしても消え去らなければならないようになっているので、他のカルマとぶつかり合って崩れ去ってゆくのであります。それが闘争となり、戦争となり、傷病となり、失敗となり、天変地変となり、さまざまな不幸をそこに現出してゆくのであります」

ある程度溜まってくると、どうしても消え去るような仕掛けになっているのだ、というのである。ちょうど地震が起こるメカニズムのようである。

「この原理を知らない人間は、不幸な姿をそこに現わして消え去ろうとするカルマを、不平不満や、恐怖や怒りや妬み恨みの想いをもって、再び自己のところに引き戻すのであります」

「大霊（神）はすべての力の根源であって、すべてを一つに結ぶ調和そのものでありますのに、その大調和の姿がそこに現われようとして、業想念の消滅を引き起こしているのにもかかわらず、神の理念の現われの方に想いをむけず、業の方に想いをむけるから、不平不満や、恐怖や恨みが起こるのです」
と想いの向け方の間違いを指摘された。そしてどうしても業のほうに想いを向ける習慣の想いを〝現われては消えてゆく姿〟だから、神の中、祈りの中にその習慣の想いを投げ入れ、神さまを想い、平和の祈りを祈りつづけるように、と想いの向け方の訂正方法を教えてくださった。

悪がこの世にある理由

私はこの章において、五井先生の光明思想の神一元を紹介しようと思って、今まで長々と文章を綴ってきた。これから書くことでやっと本論に入る。

業想念というものは、ある限度まで溜まってくるとどうしても消え去るようになっている。ということは、業というものは神がなくて現われたものでなく、間接的にはやはり、神の力によって動かされているので、神がその必要を認めないとき、認めなくなったときには崩れ去る、消え去るのである。でなければ、神が「絶対者である」とは言いきれない、と五井先生は説いている。

「いかなる業も神の意思一つで自由に消し去り得るのだ」とも説いている。そうならないと、神の絶対性、無限性、全能性という原理が成り立たない、というのである。

人間は神の子であり、霊性神性である。だからその霊性神性を明らかに顕現して、いのちそのままに生きてゆけば、業はいつか消え去って、神一元の生活がそこに開かれてゆくのである、ということが真理でなければ、宗教のいのちというものは失われてしまう、と五井先生は説いている。

神の力が間接的に作用してカルマが動いている、ということはどういうことか。五井先生の説くところはこうだ。

光一元の世界には闇がないと同時に、闇一元の世界では光の存在はない。闇それ自身闇であることを自覚することはありませんが、一度《ひとた》び光がそこに放射されはじめますと、光と闇の区別がはっきりついてまいります。そして光が前へ進むにつれて、闇は自身の姿をそれだけづつ削り取られてゆく形になってきます。

神の光が地球界に、人間生命として働きかけたときから、地球界の闇、未開発がそれだけづつ開発されてゆくことになってきたわけですが、神はその光線を地球界に働きかける場合には、どうしても地球界と同じような物質体を必要とするわけで、それが個々の肉体人間として存在することになったのであります。

ところがこの肉体身というのは、地上界に属する物質なので、地上界的な性質をそれ自体持っておりますので、神の光で未開発が開発されてゆく道程において、種々様々な動揺や変化が起こってまいります。

それを肉体人間が反対に考え、かえって自身を闇の側に置いてしまい、闇、未開発の崩れゆく姿を、自身の崩れてゆく姿と同一視してしまったのであります。

この不安恐怖、つまり神の光、霊性を離れた考え方が無明であるわけで、それが業《カ》想念《ルマ》の生れた原因なのであります。（『霊性の開発』）

『不動の心　五井昌久講話集５』では、五井先生はこう説いている。

本当の宗教家というものは〝神さまは愛なんだから、あなた方は絶対に救われているのだ。あなた方が悪いんじゃないんだ。悪いものなんかありはしないんだ。この世の中は、善も悪もないんだ。皆、この形の世に現われてくるものは、消えてゆく姿なんだ。全部消えてしまうと、本当の地上天国がここに出来るのだよ〟と言うのです。

何故、地上天国が出来るかというと、神さまは完全円満で、神さまだけしかいないから。神さまの光がそのまま素直に映ってくれば、地上天国が出来るのは当り前なんです。

※

神さまが創ったんではないけれど、神さまが業には働いてないと思う。人間の悪い心がやったもので、神さまとは関係ないと思っている。ところがそうではない。

悪というものは神さまに関係ないんじゃないんですよ。神さまは悪の時にも働いているんですよ。この世の中には眼に見える悪というものはたくさんあります。悪魔的な存在もたくさんあります。

それは神さまと全然離れたものだ、と思ったら間違いです。全く離れたものだということになると、悪魔というものと神というものが相対になります。神の光もあるけれど、悪魔もこんなに強いじゃないか。それじゃ神さまと悪魔が喧嘩して、もしかしたら神さまが悪魔に負けてしまわないか、という考え方が出てくる。それでは神さまに全信頼がおけない。

※

いつも言いますが、山があった。そこにトンネルを掘らないと、どうしても通れない。というので一生懸命トンネルを掘る。掘っていれば泥をかぶります。しまいには穴があいてトンネルが出来ますね。

掘っている時に泥をかぶる。その泥が悪なんですよ。土を掘って掘りぬいてゆくのは神さまなんです。神さまの光が闇の中を通ってゆく。通ってゆく時、その働きによって悪と見えるようなものも出てくる。

しかしそれはやがて消えてゆく姿で消えてしまうと、光明燦然とした光の道が出来るわけなんですよ。だから神さまと悪は関係ないんじゃなくて、すべて神さまが関係している。

だから悪が必要ない時には、神さまが働いて消してしまうのです。

いかなる貧乏の姿も、病気の姿も、不平不満も不安も、みんな神さまが消してくれるために出している。わかりますか。過去世から人間の中に潜んでいた業想念、神さまから離れた想いを、神さまの方から近よって消している姿が、今のこの世の悪なんです。不完全なのです。それでなければ神さまが完全円満だということは成り立たない。

神さまは善だけつくって、あとのものは神さまじゃない、ということではだめなんです。みんな消えてゆく姿。消してくれるのは誰かと言うと、神さまの大光明なのです。

『聖書講義』とサタンの定義

サタンについてハッキリと五井先生が解説されているのは『聖書講義』である。「悪魔というのは業想念の現われの一つの形であります」と説かれ、業想念波についての五井先生の解説がある。

業というのは仏教用語で、人間が肉体身としてこの世に生まれ出て、種々と意識したり、想像したり、思いめぐらしたり、行ったりすることがすべて業である。であるから、業の中には善業も悪業もある。しかし普通一般的に業と言うと、悪や不幸災難の場合に使われている。業の想い（執着、妄念等）が波動になって、この世やあの世を経巡っているのを、業想念波と五井先生は言っている。これが凝り固まると、悪魔というようになって形の世界に現われてくる、というわけである。

聖書によれば、イエスが悪魔の試みに遭った、とあるが、肉体界、幽界の波動がイエスの中に流れ込んできて、神のみ光によって消滅していった、ということだと五井先生は説明する。

「ここにイエス御霊によりて荒野に導かれ給う。悪魔に試みられんとするなり」とマタイ伝に書かれているが、同じ章で「悪魔イエスを聖なる都につれゆきて……」とある。

イエスは御霊にも導かれるが、悪魔にも連れてゆかれるのか、ということになります。断ればよさそうなものを、断らずに悪魔に同行するわけです。

イエスの意思は常に神のみ心と一つなのですから、イエスの行動は神の意思と見るべきです。神がイエスに最後のテストを試みるため、悪魔を使ったと見るべきです。

そういたしますと、悪魔というものが神と対抗してあるものではなく、神のみ心の地上界にすっかり現われきるまでの一つの役割として、悪魔のような形も現われてくるのであって、悪魔というものは実在ではなく、人類の業想念波動の消えてゆく姿の一つの現われ、と言うべきなのです。

ですから大宇宙のすべての実在は神のみなのであって、人間は神の働きの中心者としての存在である、神の子というべきなのです。イエスはその神の子の相《すがた》をこの地球界において、はっきり現わし得た一人の聖者であったわけです。

こう『聖書講義』の中で説いておられます。

神と対抗して、勢力争いをするような存在はないのであって、そういう形に現われて、神のみ心が地上界に全面的に現われきるまでの、一つの役割を担っているものである、となる。神の世界が地上に現われきるまで、神と協力して働いている存在――それがいわゆるサタンとなるわけである。

これが光明思想の悪と現われ、悪人と現われ、サタンと現われている存在の定義であり、解釈となる。

その証拠に、幽界における野狐や感情不良想念、悪鬼のごとき姿も、祈りの光明を当てつづけていると、ついにはすべて菩薩や天使に変貌してゆくことを、五井先生の高弟、斎藤秀雄長老は浄めの最中によく経験し、それを白光誌上に発表している。

第8章

天意不変

天が答える

五井先生は宗教家である。

人間は神の子であって、完全円満であり、神というもの、絶対者、実在しているものは完全である、という真理を悟り、その真理をすみずみまで知っている方である。

一方、肉体人間というものは、罪業深重の凡夫である、肉体人間の力ではどうにもできないものである、ということを悟り、神さまに全託した方でもある。

完全円満である、という真理に徹すれば、この世の出来事、ありようは枝葉のことで、みな泡のごとく夢のごとく消えてゆく姿である。

罪業深重の凡夫であることに徹底すれば、凡夫が何をやってもできないんだから、息を吸うことさえできないんだから、すべて神さまにまかせて、神さまのみ心のまま生きていけばいい。

宗教家というものは、神がすべてのすべてであって、神のみ心のままに生きてゆく、これしかない――これが宗教家としての五井先生の姿勢である。

宗教家というものは、天の理想をつねにかかげるもので、そのときの世相に応じて、理想を引っ込めたり、出したりしてはおかしい。世相というものは、世相に浮かんでくる善も悪も、正も邪もこれすべて現われれば消えてゆく姿であるから、世相の動きにいちいちとらわれ、引っかかり、大衆に迎合して、善だ悪だ、正だ邪だと血道をあげて論争したり、反対運動や賛成運動を起こしたりするものではない。

宗教家は世が乱れれば乱れるほど、世の乱れと関係なく、天意、神のみ心というものをハッキリと打ち出し、明らかにするのが役目である。

天意というものは、時代にかかわりなく不変不動である。それは真理であるからだ。天意は闇夜の光である。光を高くかかげなければ、この世は暗くてしかたがない。そうしなければ闇は消えない。

光で人類の足許をつねに照らし出し、人類の行末をしっかりと指し示すのが、宗教家の役目である。宗教家はつねに天意、神のみ心を問うて、天の意、神のみ心を人々に知らしめる役目がある。

アメリカがベトナム戦争の際、南ベトナムに肩入れし、共産主義の北ベトナムを攻撃した。爆撃機が北ベトナムの空に大挙して何度も爆撃したことがある。

そのときのことだ。五井先生のお宅から新田道場に歩いて向かっていた道すがら、先生は突然こう質問された。

「高橋くん、アメリカの北爆をどう思うかね?」

アメリカは南ベトナムが北ベトナムに侵略され共産化したら、東南アジア全体が軒なみに共産化すると恐れ、それを押しとどめるために空爆をしている、と私は理解していた。しかし五井先生にあらためて問われて、私はいいとも悪いとも答えられず、「わかりません」とだけ言った。

「どちらが悪か善か、普通はわからないだろうね。そういうときには〝天意〟を問うのだよ。すると天意は、アメリカの北爆は真理にはずれている、というのだ」

そうおっしゃった。

後年、先生が渡米し、東海岸の都市を人に案内されてあちこち訪れたとき、どういうわけか、墓地に何回か行き当ってしまった。五井先生はそこで、「戦死したアメリカの若者が、アメリカに恨みを持っている」と言ってお浄めを入念になさった。

ベトナム戦争は結局、アメリカの敗北で終わったようなものだが、戦場に駆り出された若者たちにとって、なぜ、自分たちが人を殺し、人に殺されなくてはならないのかわからず、大儀名分もなくつづく戦争によって、若者たちに戦争忌避の気持が生まれ、若者たちのあいだからベトナム戦争反対の運動が起こり、日本にも波が及んだことがあった。

天意に反して、ベトナムで戦争をつづけたアメリカは、目に見えない被害を多大に被ったうえ、アメリカの若者たちに「心の病」という結果をもたらした。

私はこのときの五井先生の一言、「天意に問う」という言葉に、強烈な印象を与えられたのを憶えている。

五井先生なら天に問うて、天からこだまのごとく天意が返ってくる。

そんなまねはできない私のような凡夫はどうしたらいいのか？　それはたとえ天意がキャッチできなくとも、天に問うことだと思う。本心に聞いてもわからない場合は、真理の本をひもとくことである。
汝、殺す勿れ、汝ら相愛せよ、と聖書は言う。
真向ひた押し世界平和の祈り
力のあらん限り
いのちのあらん限り
世界人類が平和でありますように
と唱えるべし。そう五井先生は言う。われらの本心は言う。
善悪の判断を下すのではなく、わからないのだから世界平和の祈りの中に、善悪、理性の判断も投げ入れ、救世の大光明に浄めていただくのである。
祈ることによって、人間の想いを祈りの中に投げ入れることによって、私たちは自然と天意を自分に現わし、天意を行っている、というようになっている。

天はおのずと人を用いる

宗教家は天の理想を地の現実につなぎ、地に現わしてゆく役目がある。その旗をつねに振りつづける役目がある。その役目を忘れて、浅はかな知恵で天と地を分断し、人と人とを分断してしまってはならない。

天と地を分断してはいけない、ということは、本来、一つつながりである神と人間とのあいだを引き裂いて、光を分断してはいけない、ということである。

神と人間とは、親子の関係であり、いのちにおいては一つである。人と人とのいのちでつながり合っているものである。その一帯観＝一体観を、憎しみと争いの想いで断つような言動をしてしまっては、宗教家は役目を放棄したことになる。放棄するばかりでなく、人類を滅びへの道に陥れる愚を犯すことになる。

宗教家は神仏と一体のものである。そうなるよう日頃、真摯におのれを磨くものである。そして神のみ心をおのれの心として生きるものであるから、人類の迷い、怖れ、不安、不平不満の想いというものを消す役目がある。業想念を浄めるのが仕事である。

世の中が業想念で満ちていれば、世界平和の祈りを祈って、救世の大光明を降ろす光の柱となり、神さまのなかに入って神の大光明によって、自他もろとも人類の業想念を浄めることに専念することだ。祈って神仏と一つになり、自己の肉体を神の大浄めの器として使っていただくこと、これが役目である。

かつて日本開顕同盟という組織があり、そこから五井先生に、2月11日建国記念日に日の丸をかかげて行進するから参加してほしいという要請があった。五井先生はそれを丁寧に断った。

日の丸をそういうことに使うべきではない。今、日の丸に反対する運動があり、日の丸をかかげて集団で街頭行進をすれば、必ずやそれに対して反対の声が上がり、結局、日本国民の想いを二つに割り、分断させてしまう。私たちは日の丸をかかげる前に、心を同じくする人々と集い、世界平和の祈りをともにする。そのほうが日本を覆い、地球を覆っているカルマを浄めて、日本の霊性、人類の神性を強めることになる――というのが断った理由であった。その言葉を聞いて、聖ヶ丘で、東京の講演会場で、世界平和の祈りの統一会を開く真の意義を知った。

五井先生のなさることは、すべて世界人類の大調和、大平和のために、日本国民はいかにすべきか、いかに行動すべきか、いかに生きるべきか、そのことだけにあるとわかり、「あゝ五井先生！」と思ったものである。

現在、肉体の五井先生の存在はないけれど、世界平和の祈り、世界各国の平和の祈りの中心になって働いていらっしゃるのは、五井先生の光明体だ。

日本の民衆の想いを二分し、三分し、憎悪と怒りと恨みの想いでズタズタに分断してしまう行動に私たちは走らず、まず天意、神のみ心が大平和、大調和にあることによくよく留意し、世界平和の祈りを祈るためのみに集まり、そして各人が救世の大光明を発する光の柱となることのほうが大事である。日本の天命、平和の祈りを祈る私たちの天命が完《まっと》うされるというものだ。

つねに平和の神、調和の神、大愛の神と一つになり、神のひびきを発信しつづけている宗教家であれば、彼は無心であり無欲である。その日常の言葉、行為はよく天の心を映し出して、つねに人のあるべき真の姿を想起させる鏡となる。

宗教家は鏡のごとく清澄で、無心であり無欲であれば、その心はつねに青空のごとく澄んで、無限に広く、寛大である。

その存在は自然に、政治や科学や経済や学問や芸術など、各界のリーダーの頼りとする拠り所となるであろう。

真の宗教家は天の意、神の心をよく知っているから、経済のこと事業のこと、また政治や経済、教育や学問、科学のことを知らなくても、掌《たなごころ》をさすようにわかるのである。

各分野で活躍する人々の心を、つねに天の意、本心に引き戻すことができるのは、真の宗教家しかいない。空になった、邪念なく妄念のない人間、神の化身を、人類は真の指導者とするのである。

五井先生はそういうお方であり、そういう人間を育て上げようと思っている。

リーダーたらんと思ってリーダーになるのではない。それでは体臭ふんぷんたるものをあたりに漂わせるだけだ。自分というものを神のみ心にすべて預けてしまう。そして神のみ心から想いも言葉も行いも発動してゆく者になれば、天はおのずとその人を用い、人々はおのずとその存在をリーダーと仰ぎ、尊ぶことであろう。

天意を言葉として発信し、想いとして発信し、光として放射している人は、宇宙の法則に乗っている人である。

世界平和の祈りを祈っている人は、宇宙の法則に乗っているから、天意の発信、発動の一切を、祈ることによって担っている。

五井先生はすべてを綜合した天意の発信体である。

暴力では平和に到達できない

天意のままに生きる宗教家は、受け取った天意を言葉として発し、文章として書き記す。人々はその言葉に耳を傾け、その文章を食い入るように読む。発する人がいれば、かならず受け取る人がいる。言葉を発する瞬間ではないにしろ、時間がたって、あるときその言葉が自分の中に甦り、光を放ちはじめる。文章も同じである。

戦争を賛美する宗教家がいたら、その人は神の意を知らぬニセ宗教家である。戦争は団体を頼んでの殺人行為である。

他国民を殺せば殺すほど、まつり上げられてゆく将軍がいた。しかし彼も人を殺すことを、心の中で善しとはしていなかった。

あるとき、つくづく自己の行為の恐ろしさに気づき、徳のある僧侶を訪ね、懺悔し、将軍職を投げ打ってお坊さんに師事した。お師匠さんの言いつけを守り、山深く入り、坐禅した。冷たい谷川の水にからだを浸し、その流れの中に過去を洗い流した。同僚の将軍たちが彼を俗世に引き戻そうとやって来たが、逆に彼らを説得し、坊主にしようとした。

結局、彼らの目論見は失敗し、ますます精進に励んで、彼は悟りに達した……そんな話がある。

戦争に聖戦などというものはない。聖戦などと人間が自分勝手につけたもので、すべての戦争はそれはむごたらしく、人間性の基本たる知性と愛を奪い、自分に手向かう者を殺し、傷つけ、平気で踏みにじって人を縛りつけ、相手を自分の思うとおりに従わせてゆくものである。

竜巻が過ぎ去ったあとには、残骸しか残らないように、戦争の過ぎ去ったあとには虚しさしかない。征服された側の者の、征服者への恨み憎しみしか残らない。人心をずたずたにされた敗者の悲しみ、嘆きしかない。そこには建設的なものは何もない。

元海兵隊員、マイク・ヘインズ氏のインタビュー記事（東京新聞2017年2月11日）を読んだ。マイクは海兵隊員になることに何の抵抗もなかった。そして2003年イラク戦争に従軍した。

イラクでは毎日2～4回は民家を襲撃したが、命令で受けた情報の6割は間違っていたという。

殺し殺される戦場の衝撃は、現場に居合わせた者でなければわからないほど激しいものらしい。アメリカでは、毎日20人の退役した兵士が自殺しているのだそうだ。

それほどわけのわからないPTSD（心的外傷後ストレス障害）をみなうけ、立ち直れない人たちがたくさんいる。戦場で死んだ者の数より、自殺者のほうが上回っている、というのだから、これは私たちにとっても大きな衝撃である。

喜んで海兵隊員になり、イラク戦争に派遣されたマイクでさえも、PTSDになった。帰国後、自分のマイナスのエネルギーをプラスに転換することができたのは、農業のおかげだったという。

「自給自足で畑でさまざまな作物を育てています。戦争では死、痛み、破壊が常にありましたが、農業をやると、作物を成長させているという感覚が、自分の痛みを癒してくれました。戦争によって全てが悪化する、ということを皆さんと共有したい。日本の自衛隊は南スーダンに駆けつけ警護で、武器の使用を認められました。自分の経験から、駆けつけ警護は必ず流血の事件に発展する。日本の国連平和維持活動（PKO）五原則の一つである、停戦合意が破られている状態で、自衛隊を行かせており、問題です」

インタビュー記事の最後は、改憲議論が進む日本へのメッセージだった。

「日本の憲法九条はさんぜんと輝く平和の星です。心配しているのは、日本が憲法九条を変えることで、皆さん、そしてお子さんやお孫さんが戦争に引きずられていくのではないか、ということ。

日本は米国の帝国主義、排外主義に倣うべきではないのです。皆さんがお持ちの憲法九条は、本当に素晴らしい大切なものです。

九条を持っていることを大事にしてほしい。九条を軸に、国際的なつながりから、平和アプローチをしてほしい。

九条を持つ日本では、他の国に対し、平和のリーダーのお手本になれるはずです……。

暴力では決して平和に到達することはできません。平和のためには平和で応じるしかないのです。そのことを忘れないでほしい」

「武」に敵は存在しない

政治家は変わる。しかし真理に立脚する宗教者は変わらない。

実業家も変わる。学者も変わる。科学者も変わる。

しかし道にのっとって生きる者は変わらない。

それは、道が変わらないからである。真理は不変であって、永遠の生命の上に立つ宗教者には、永遠の生命しかない。真理しかない。

宗教者は世の変化とともに、すべての人間が変わっていっても、失望はしない。肉体人間とはそういうものだ、と過去世からの経験によって、よく知っているからだ。変化変滅してゆくものはみな、過去世から今日まで真理をはずれていた想いが、現われて消えてゆく姿である、と徹底しているからである。

「あれは直霊と一体となり、神我を自覚して、2年ぐらいたってのことだ」と五井先生がおっしゃった。昭和25年ぐらいであろうか。日立製作所が労働組合の打ち出した大ストライキによって、屋台骨が大きく揺らいだことがあった。収拾がつかず、ひそかに五井先生に指導を求めてきた。

どこでどうやって、日立製作所の幹部たちが、五井先生の存在を知ったものか、その経緯は先生より聞いていない。しかし青年時代、世話になった日立のために、役に立ってあげたいと思ったのだろう。

五井先生が指定された場所へゆくと、社長をはじめ重役たちがみな丁重にお迎えしたということだ。

居並ぶ重役たちは、五井先生が終戦直後まで、日立製作所亀有工場の一社員だったとは、誰も知らなかった、とはあとから先生よりうかがった話である。

五井先生は相談にのる前に、「日立はこれから将来にわたって、決して武器を作らない。平和産業に徹する」ということを経営者側に約束させ、くぎを刺したうえで、あらためて相談にのり、解決策を授けたという。

果たしてそのあと、さしものストライキが収まり、日立製作所が立ちゆくようになったという。

それから半世紀以上もたって、五井先生と約束を交わした経営者は次々と亡くなり、新しい世代に交代していった。それとともに、五井先生と取り交わした約束もサッパリと忘れ、全社を挙げて軍需産業に手を染めていた。

それは日立製作所ばかりではなく、重工業部門を持つ大企業なら、大なり小なり方向転換し、武器産業にひそかに携わっていた。

「フォーブス」という雑誌がある。2004年12月号に「2004年の日本の防衛費予算4兆8700億円は、イギリスやフランスを上回り、アメリカ、中国、ロシアに次ぎ、世界第4位の規模に達している」と報じていた。

また同誌に「日本はすでに兵器輸出大国?」という見出しで、次のように書いている。

「日本では有事に対応できるよう、水面下でひそかに軍事産業の育成をつづけている。一年に一隻の割合で潜水艦を建造、日本の16隻の戦艦の船齢は、平均7・5年とアメリカの4分の一新しい」と。

フォーブス誌によると、日立製作所もいつのまにか、軍事産業に手を染めている。日本の重工業は兵器メーカーに成り下がっているようである。

兵器を売るメーカーは死の商人だから、成り下がった、と私はわざわざ書いた。日本が作る兵器は優秀なものであろう。死の商人は日本ばかりではなく、世界各国を危険に陥れる。その手助けを日本の製造業もしていることになる。

政治家は変わる。自分たちの都合で変わる。

実業家も変わる。

学者も変わる。

科学者も変わる。

しかし道に立つ宗教者は変わらない。

合気道創始者、植芝盛平先生は武道家であるが、宗教者である。宇宙と一体となった自分を自覚した植芝先生は、武器を持たない。扇子も持たない。ただ宇宙と一体となった自己をそこに現わしているだけである。宇宙と一体となった者に敵《かな》う肉体人間など一人もいない。

宇宙の法則と一体となった植芝先生を、五井先生は「神の化身」と讃えられた。

つねに宇宙の法則の上に立って、一つもぶれないのである。真の宗教者は「神の化身」であると同時に、真の武道家であり、武の神には敵は存在しないのである。

つねに世の中が変化変滅しようと、宇宙と一体となった植芝先生を侵す者はない。宇宙そのもの、道そのものであって、変わることはない。それを合気道を通して現わされた。五井先生はそれを世界平和の祈りを通して現わされた。

第9章　生きることだ

神さまは愛して愛しつづけてくださる

遠藤周作の小説はたびたび映画化され評判になっている。先日も『沈黙』が映画化され上映されている。いい映画だと思うが、その内容を見ると、悲しくて切なくて映画を観るに堪えない。

徳川幕府によって、キリスト教が禁じられ、教え自体が封じられた。信徒たちはみな、隠れキリシタンとなって、ひそかに信仰生活をつづけていた。

役人は密告などいろいろ卑劣なほどの手段を使って信徒を探し出し、捕まえ、信仰を捨てろと強要した。捨てない者は拷問にかけた。どんな苦痛を肉体に加えて、自白させようとしたかくわしいことは本に出ている。

信徒がもっとも弱みを見せたのは、踏み絵だった。聖母マリア像、キリストの磔刑像などを木版や銅板に刻んで、それを足で踏ませ、キリシタンであるかないかを試した。

キリシタンでないものは平気で踏むが、キリシタンである者は、日常拝んでいるその絵像を、どうしても躊躇して踏まない。踏めない者をキリシタンと決めつけ、責めて自供させた。そして信仰を捨てろ、と強要した。結局、棄教しない者はみな、死刑に処せられた。

この隠れキリシタンにまつわる物語は、昔から映画になっている。私の記憶に残っているのは、毛利菊枝という女優さんが、隠れキリシタンのリーダー役を演じていた映画である。

「死を恐れることはない。みなでハライソ（天国）に行こう」という彼女の励ましによって、信徒はみな踏み絵を踏まなかった。彼らは次々と死刑に処せられていった。信仰のない者から見れば無残な死に方であったが、信仰によって生死を超えた彼らにとっては喜びであった。キリシタンは老人も子どももなかった。男女の差もなかった。みな同じように磔になって死んでいった。

この映画のことを、私は五井先生にお話ししたことがある。

「私がリーダーだったら、踏み絵を踏みなさい、とみなにすすめるね。踏み絵を平気で踏んで生きていったほうがいい」

というような感想を、五井先生がおっしゃったのを憶えている。

キリスト像であろうと、マリア像であろうと、絵は絵にすぎない。踏んだら申し訳ない、バチが当たる、などということを思う必要はない、ということだった。

マリア像やキリスト像にとって代わって、これが五井先生のお写真や、霊光写真になったとしても同じだ。この写真を踏まなければ死刑にする、と言うのなら、遠慮なくどんどん踏んでいったほうがいい。踏まないで死刑になるより、踏んで助かって生きていったほうがいいんだ、というような意味のこともお話しくださった。

信仰に殉じて死ぬ、ということより、信仰を捨てても生き延びることのほうが、生きることを全うしたほうが、神さまより与えられたいのちに対して、より尊い生き方なんだ、とそう私は受け取った。

「信仰を捨てるか、妻子のいのちを取るのか。どっちにする?」と脅迫されれば、今であれば妻子のある私は、妻子のいのちのほうを取って、信仰を捨ててもこの世に生き残るであろう。

それでいいのだ、と五井先生はおっしゃる。脅迫されて信仰を捨てても、五井先生は「神さまはゆるしてくださるよ。仕方ないよ」とおっしゃっている。

遠藤周作はまた「転《ころ》びバテレン」のフィレイラのことを新聞に書いた。バテレン(宣教師)はとくにひどい拷問を受けた。そして彼は転んだ。彼は棄教した、ということになっているけれど、本当に棄教したかどうか、それはわからない。キリストへの信仰と愛は、彼の胸の奥に刻み込まれているから消えず、彼に生きる勇気、エネルギーを与えつづけていた、と私は思っている。

しかし信者である日本人が、棄教せず、理不尽な死をも受け入れるさまを見るのは、つらかったろう。彼らを裏切ったという想いが強かったと思う。

このことで五井先生にお話し申し上げ、そして五井先生のお話を聞いて、大安心した、ということは以前に書いた。

「ゆるしてくださるよ」という五井先生の言葉に、私は安心した。そして肉体を持つ人間の弱さについて「仕方がないよ」とゆるしてくださった。そうして神さまは徹底的に許してくださるんだ、と安心したものである。

人間は神さまの愛しい子であるから、ゆるすもゆるさないもない。愛して愛しつづけてくだざるのである。

生きることが苦しくても

昭和20年8月15日、日本は戦争に敗けた。米、英、仏などの連合国に無条件降伏をした。3月10日の東京大空襲によって、東京は焼け野原になってしまった。食料の生産も追いつかず、お米が食べられなくなった。主食は統制され、配給制になった。それだけでは食べていかれないので、ほとんどの日本人は闇米、闇芋を買って食べ、飢えをしのいだ。都会の人々は田舎にリュックサックを背負って出かけた。お米を買うためである。しかしなかなかお米は売ってもらえない。それでサツマイモを買った。

お百姓にはお金よりも、タンスから出した着物や帯で、物々交換した。そうして折角苦心してやっと手に入れたお米などが、帰りに警察の臨検に合って、取り上げられてしまうこともあった。私たちはそういう目に一度も合うことはなかったが、臨検に合った人々は気の毒であった。

闇米を買わなければ食べていかれない。だからみな闇米を買った。そんな時代、闇米を買わないで死んだ、というニュースが新聞に載った。その人は判事だった。判事だったから、よけい闇米が買いずらかったのだろう。

闇米を買わないで、飢えて死んでしまうより、この世を生き延びたほうが神のみ心にかなうのだ、ということを、五井先生はお話の中で取り上げていた。あ、そうなのかと思った。当時、五井先生も闇米を食べたのであろう。私たちも食べた。そして戦争末期から終戦後の食糧難の時代を生き抜いてきた。

この世に生を与えられて生きているかぎり、一生懸命いのちを保ちつづけ生きることが、すべてのいのちに授けられた、天からの至上命令なのだ。あきらめて命を絶ってはいけない。一生懸命生きるのだ。生きるということは、食べるということと同じである。それだけ与えられたいのちは大事なのである。

信仰に殉ずるより、職業に殉じ、理想に殉ずるより、〝生きる〟ということに殉ずることのほうが大きい。殉ずるとは、いのちを投げ出すこと、生ききることである。

私たちは肉体を持ってこの世に生まれてきた。それぞれ何かの役目を果たすべく、この世に生まれてきた。二度とは生まれ変わらないこの大事ないのちを、私たちは今、生きている。小さな小さすぎる良心に把《とら》われ、与えられた大きないのちを殺してしまうのはバカらしい。滅多やたらのことで、生きることをあきらめ、いのちを絶ってしまうことを、私たちはしてはいけない。不摂生をしていのちのエネルギーを弱め、倒れてしまってはいけない。

未練がましく思えるほど、凡夫は、いや人間は、生きることに執着してしまうが、それくらいで丁度いい。

五井先生は「どうしたら自分に与えられたいのちを生ききることができるか、それを第一に考えるべきだ」とおっしゃっている。

南米で飛行機がアンデス山中に墜落する事故があり、1か月ほどして生存者が救助されたことがあった。救出された人々は、人肉を食べて生きながらえたという。ある人は、人肉を食べることを善しとせず、救出前に餓死してしまったという。

生か死かのギリギリの点に立ったとき、どういう行動を取るか？　それはわからない。そのときになってみなければわからない。生きることについて、第三者がかんたんに善悪を批判できない。

船が難破し、海に投げ出され、足にしがみついてきた人を蹴飛ばして助かった人があるとする。浮き木を人と争って勝ち取り、自分だけ助かったとする。

誰がこの人を批判できよう。

戦地に息子を駆り出され、夫を駆り出され、戦死して、息子や夫を失った人に「立派に戦死しておめでとう」などと誰が言えよう。どうやって人は心を慰めることができるだろう？

戦争が終わって、やっと平和になった。たまたまバスの車掌だった息子が、ブレーキの故障で崖から転落しそうになったバスの車輪の下に、咄嗟に身を投げ出して、乗客を救った、という実話が長崎にある。それをお伝えしたとき、五井先生は真っ先におっしゃった。

「お母さんは悲しかっただろうね」

無我愛を咄嗟に行じたことは、まことに尊く、素晴らしいことである。しかし、五井先生の願うことは、愛する家族を、愛する家族を悲しませない、ということである。

そこから世界平和の祈りが生まれた。生きることが苦しいことであっても、悲しいことであっても、真の平和実現までともに生きつづけ、最後はみなともに喜び合える。そういう時代が来ることを、五井先生は願った。

自分を愛し人を愛し
自分をゆるし人をゆるす
愛と真の世界を創って行こう
これが業《カルマ》を越える最大の道
みんないたわり合い励まし合い
足りない知恵や力は守護霊さんにおまかせしよう
守護霊さんがきっとうまくやってくれるに違いない　『神と人間』

五井先生はすべての人の行為をゆるしてくださった。すべての人の罪をゆるしてくださっている。

神さまは人間を自分の子と見ている。だからすべての人間を神の子として、愛してゆるしてくださっている。

私たち一人一人の生は、それがどういう姿であれ、どんな生であれ、この神の愛とゆるしの上に成り立っている。私たちは既存の倫理観、生命観、宗教観、神さま観を捨てて捨てて、剥いで剥いで、この大神さまの愛とゆるしの上に成り立っている一人一人の「生」を厳しく見ていかなければいけない。

第10章　人類を生み出した言葉の源

五井先生っていったい何だろう？

言葉では十分に表現できないけれど、かんたんに言えば、五井先生は神である。

では、神とは何か？　神とは私のいのちそのものであり、すべてのいのちの根源であり、いのちの親である。

だからこれ以上に親しみの湧く存在は、他にはない。

親思う心にまさる親心
けふのおとづれなにと聞くらん
　　　　　　　　　　　吉田松陰

という和歌があるが、子が親を想うその想いより、はるかにはるかにまさるのが親心である。量においても、質においても、子が親を想う心よりはるかに秀れているのが親心である。

五井先生とはそういう心を持った存在。

地震があっても、何かあっても、そのおそばに居れば大安心、という存在。

おそばに居るのが嬉しくて嬉しくてしょうがない、という存在。

御前に坐ると、素直な素直な、子どものような心になる、そういう存在。

その人に気に入られたいと、男も女も、幼年も少年も青年も、壮年も老年もみな切に思う存在。

いろいろ言葉を尽くしても、靴の上から痒いところを掻くようで、いい言葉がなくて、もどかしい。

だから、五井先生！　と単刀直入に呼んで、直接五井先生の中に入り、体験したいと切に思うのである。直接体験するのが一番である。

五井先生、五井先生と呼ぶのは、五井先生を今、直接体験しているところである。

でも、いくら呼んでも呼んでもそこにたどり着かない。呼び足らないと、そんな想いになって、また五井先生を呼んでいるのだ。

呼びつづけ、呼びつづけているうちに、充分足りて、満足して、呼んでも呼ばなくても、五井先生の中に居り、五井先生とともに生きている、ということを自覚することだろう。

青空の青

五井先生は私の外に存在するのではない。私の内に存在するのである。

私の中の五井先生、そして五井先生の中の私。

五井先生、五井先生と呼びつづけているうちに、私というものは、五井先生の中に融け込んでいる。融け込んでいるけれど、私がいる。私はなくならない。

いつか五井先生にお尋ねしたことがある。

「私がなくならないのです」

すると意外なことに、そんな私というのも消えてゆく姿だよ、ということはおっしゃらず、

「そんなもんだよ」

と五井先生がおっしゃった。

私がなくならず、私が澄みきって澄みきって、透明になっても、私という意識は消えない。ただ澄みきってゆく、という、私はそういうタイプらしい。五井先生ご自身もそういうタイプだと言われた。

人にはおおまかに言って、二種類ある。

パッと自分がなくなって、忘我の状態が続くタイプと、あくまでも神そのものの自分がある、というタイプである。

霊媒的な人はパッと自意識が消えるようだ。知性派の人間は自意識が無限に透き通ってゆく。青空のように澄んでゆく。

これも完全に達するまでの、それぞれのプロセスなのであろう。

知性派のタイプは男性に多いようだ。自分は知性派タイプと思ったら、自己をなくす、ということは、とことん澄み浄まること、それに専念することである。

青空の青に染まっていると、他人にはその存在は見つからない。他人は気づかない。しかし当人は、青空の青となって存在しているのである。青空と別にではなく、青空の青として、異和感なく、青空の中に青と一つになって存在しているのである。

大海の中に水の分子が融け込んで存在しているように、私という存在は神の分霊、五井先

生の分霊として、五井先生の中に実在しているのである。あなたもあなたも実在している。あなたであって私であり、私であってあなたである。

そして五井先生であって私であり、私であって五井先生である。あなたもあなたであって五井先生であり、五井先生であってあなたである。

みな一つなのである。

五井先生という名をお呼びしつづけていると、そういう世界に自然に誘われてゆく。

五井先生はまこと不思議な存在。

永遠に存在する五井先生

五井先生はあくまで五井先生である。イエス・キリストと合体しても五井先生であり、老子と合体しても五井先生であり、釈迦と合体しても五井先生である。五井先生は個性を持って、五井先生という名を持って、永遠に存在してゆく。五井先生は消えないのである。

それと同じように、私という存在は神の一部となればなるほど、存在は輝き、際立つものとなる。

想いというもの、いわゆる業想念というものは消えてなくなるけれど、光の一筋として存在するものは、実在者で真の私である。

空《くう》ということは、煩悩は消滅している状態であるけれど、真実の私、神我はなくなるのではなく、ますます光り輝いて、前面に出てくるものだ。

把《とら》われの想いが消滅し、光本来の想いは把れがなくなれば、より光り輝く創造力を発揮する。

古い私を消えてゆく姿として、救世の大光明の中に投げ入れつづけ、宇宙神より瞬々刻々いのちをいただきなおして、新しく生まれ変わっている、そういう私になることが、五井先生の望んでいる人間像である。

私が五井先生になるのではなく、五井先生の光明を浴びて、不純なるものをまったく洗い流し、私が純白そのものになること。そうなればもう私に対して、なんのこだわりもない。宇宙神の光の一筋として、天命を完うする。天命というもの、神の目的だけが私として生かされているのである。

親心をもっともよく理解し、もっともよく実行し、もっともよく表現できる――そういう存在になればいいのだ。

七つの直霊

五井先生の『神と人間』によれば、光そのものである神があるとき、突然その統一していた光を各種、各様相に異なった光として放射した。このときから神の創造活動が始められたのである。

神我まず天地に分れ、そしてその一部の光は、海霊《うみだま》、山霊《やまだま》、木霊《こだま》と呼ばれ、自然界を創造し、活動せしめ、その一部は動物界を創造し、あとの一部の光は直霊《ちょくれい》と呼ばれて、人間界を創造した――とある。

人間を創造した光を直霊と呼び、七つあるとしている。この七つの直霊が交流し合って分霊を生み出し、人類を創造していった、と解説されている。

人類の元始は、みなこの七つの直霊から始まっている。七つの直霊が人間のいのちの元である。

五井先生は自叙伝『天と地をつなぐ者』で、直霊と一体となった、と書いておられる。私たちも五井先生のあとにつづいて、直霊と一体となるのである。

肉体世界に生きていながら、直霊と一体なる直接体験をしたい、と願っている。そうなることがもっとも神のみ心、天意に叶っていると思うのだが、残念ながら、今はまだそのプロセスにある。

プロセスにあるけれど、目標はそういうところにある。これは人間一人一人の理想である。人類一人一人が、神の分霊が直霊と一つになって、地球上において活動することによって、地球は大調和される。そういう一人一人になることを目指して、精進していきたい。

五井の大神

五井先生は「五井の大神だね」と言われたことがある。

五井の大神とは何か？　「たとえばアの神さま、オの神さま、ウの神さま、エの神さま、イの神さまというものだ」とくわしいことはおっしゃらなかった。

ア・オ・ウ・エ・イというのは母音である。この五つの母音が交流し、子音と結びついて、四十九文字が生まれ、五十音となり、そしてさまざまな言葉が生まれた。

さまざまな言葉とは、人類のことでもある。

「お床《とこ》のなかの漢《おとこ》」になって、ふとんから一歩も外へ出られなくなったある日、先生は、

「私は人類に借金があるんだろうね」

とおっしゃったことがある。

その言葉があるとき、私のなかでアの神さま、イの神さま云々と結びついた。五井の大神と結びついた。

人類の業想念をわが身に引きつけて、浄化していることは、五井の大神として、人類を創造した神として、人類に責任があるんだ、ということである。創造した者の責任を、五井先生は感じておられたにちがいない。

言葉は神なりき、と聖書には書かれているが、その言葉が業想念の雲に隠れ、本来の言葉の働きをしていない現在、その業の雲を一掃するための働きとして、五井先生は業の浄めを引き受けられた。

そして生涯その役目に従事した。とくに晩年の10年、とりわけ最後の5年は、その仕事に専心された。

五井先生と神界との約束事によって、世界平和の祈りをするところ、する人に、救世の大光明が輝き、個人が救われるとともに、人類の想念の光明化、大調和に絶大なる力を発揮する、ということになっている。

そういう約束事が成り立って、世界平和の祈りが提唱されたのである。世界平和の祈りを祈ることによって、また五井の大神の使命が完うされる、ということである。

世界平和の祈りを祈ることによって、すべての言葉は浄まり、大調和し、言葉本来の役目が果たせるということである。言葉本来の創造力がとどこおりなく発揮される、ということである。

世界平和の祈りを祈る人は、アの神さま、オの神さま、イの神さま、ウの神さま、エの神さま、それらの神さまのいずれかの系列に属し、それぞれの神さまの働きをしているもの、と私は思っている。

だから「私たちの天命が完うされますように」という祈りの言葉があり、各人がその天命を完うすることによって、世界人類に平和が実現する、各人が各人、自分には自分の天命がある、ということを自覚して、そして祈ることはとても大事なことである。

第11章

神界との約束――救世の大光明が輝くところ

明かされた神界との約束

どんな祈り言にも神秘力が伴うのは、地上の提唱者と神界の神霊との約束事が結ばれているからである。

ただ単に美しい言葉だから、そして言葉には力があるから、というだけではない。人間の頭で考え出したどんな美辞麗句も、神さまあるいは仏如来、あるいは観世音菩薩、または霊の力と結びついていなければ、力はない。力とは浄める力、救う力である。つまり祈りの実力である。

あゝいい言葉だな、だけで終わってしまう。あるいは人間の苦しみ、悩みを天に訴え、天に救ってください、という人間の叫びだけになる。

祈りそのもの、神名そのものに神秘なる力があるのは、そのバックグラウンドがあるからである。念仏に人を救う力があるのは、アミダ仏という仏如来との契約があるからである。念仏する人すべてを救い上げる、というアミダ仏の誓願が成就しているからである。

世界平和の祈りも同じように、地上の提唱者五井先生と、神さま仏さまとのあいだに約束事が交わされ、この祈りを祈るところ、祈る人に素晴らしい大光明を降ろす、つまり大光明が輝きわたる、ということになっている。

昭和32年の白光誌2月号に、世界平和の祈りについて、

「この祈りは五井先生と神界との約束事で、この祈りをするところに必ず救世の大光明が輝き、自分が救われるとともに、世界人類の光明化、大調和に絶大なる力を発揮するのです」と、初めて発表された。

この文言を発表したのは他ならぬ五井先生である。それまでは救世の大光明という言葉も、五井先生と神界との約束事という言葉も、五井先生の中に隠されていた。

五井先生は事を始めるのに、とても慎重なところと、ズバリそのもののとても大胆なところがある。世界人類が平和でありますように――という祈り言葉を正式に発表するのにも、慎重だった。慎重と言うより、時を待っておられたようだ。祈り言葉が整ってくるにしたがって、祈り言葉を唱える光明力が目に見えて巨大となり、大光明となって溜まってくるまで、溜まってくるまでという表現が当てはまっているかどうかわからないが、上流にダムを作り、そのダムに光明があふれ、限界点に達し、やがてその一部が堰を切って流れ始めたことによって、初めて先生は、民衆の前に、これを発表されたと思うのである。

世界平和の祈りの源は、五井先生が直霊と一体化する前、すでに神霊側に用意されていたが、五井先生が直霊と一体となり、自分の中に平和思想、祈りの哲学が成熟し、大光明となって現われるに及んで、救世の大光明の中心者から五井先生に「かく祈れ」と命《めい》が下されたにちがいない。

だから五井先生は、教えも祈りも、肉体の私が発明したものではなく、神から、救世主から直接発せられたものである、とおっしゃっている。

「救世主みずからが、やれ、とおっしゃっているのだから、すごい力があるんですよ」とも後年おっしゃっている。

しかも「この祈りは五井先生と神界との約束事」と明記されている。一柱の神、一如来、一仏、一体の観世音菩薩とのあいだに結ばれた約束事ではないということだ。

仏教に十一面観世音菩薩という観音さまがいらっしゃる。この観音さまの誓願に、「すべての人（民衆）が救われなければ、自分は菩薩界に戻らない」とある、ということを、ある小説を読んでいて知り、感動した。

人類が一人残らず救われるまで、菩薩界に戻らず、地上界、幽界にとどまって、観音行をつづける、という守護霊守護神の権化のような姿である。

一体の十一面観世音菩薩でさえ、いのちにかけてそれほどの光明力を人類に注いでいるのである。その観音さま、仏さま、如来さま、神霊、守護神たちという、神界（仏界）に住むオールキャストが一つになって、その光明力を集団的に発揮するというのが、五井先生と神界とのあいだで結ばれた、世界平和の祈りの約束事であるから、その光明力たるやそれはすごいものだ、と容易に推測できるのである。

名をつけない叡智

その光明力を五井先生は、具体的な神名も仏名もあげず、抽象的な言葉で表現された。

五井先生みずからおっしゃるのに、「ここに神界の救世主団体の深い慮《おもんぱか》りがある」ということだ。

一つの神の名、あるいは仏の名がつくと、一つの神だけの働きになってしまう。一つの仏の働きだけになってしまう。また名がつくと、神名争い、仏名争いが人間宗教界に起こり、救いとはまったく無関係なところで、宗教宗派間での軋轢が生じる。それは学者間のみに起こる争いかもしれない。聖職者間のみに起こる争いかもしれない。一般信者にとってはどうでもいいことなのであるが、どうでもいいことではなくなってくるから始末が悪い。

道の道とすべきは常の道にあらず
名の名とすべきは常の名にあらず

と老子は言っている。一つの道というものがつけば、その道以外には活動できなくなってしまう。また名がつけば、その名の範囲に縛られてしまって、本来のいのちの自由性が発揮できなくなってしまう。

人間はよくその過ちを犯してしまう。神の自由性、大生命の自由性、光明力の無辺性を「名」というもの、「道」というもので縛ってしまう。つまり人間側に把われという宗教的カルマ、業想念を生じさせてしまう。

そこで五井先生は神名もつけず、仏名もつけず、救世主とも言わず、「救世の大光明」とおっしゃった。五井先生と守護神霊団の叡智である。

アミダ仏も光明である。観世音菩薩も光明である。釈尊も光明である。老子も光明である。

だが「救世の大光明」は、名ではなく、働きそのものだけを前面に打ち出している。ということは、この世の人々、世界人類を救おうと思っていらっしゃる大愛の持ち主、その働きのエネルギーのみを取り上げることによって、宗教宗派間のカルマをすでに脱しているのである。キリスト教も、仏教も、道教も、ヒンズー教も、イスラム教も、ユダヤ教も、宗教という宗教の、いつのまにか作ってしまった垣根を、超えているのである。

救世の大光明は全人類、地球人類全体を相手にしている、ということである。

現在の世界情勢を鑑《かんが》みて、世界が平和でなければいけない、人類が宗教宗派を超えて平和でなければいけない、と心から考える人々は自然に、世界人類が平和でありますように、という祈り言葉に共鳴し、祈ろう、とする。そう思えば、その人に五井先生と神界との約束事によって、救世の大光明が輝くことになる。約束事であるから、スイッチを入れたらパッと光が輝くことと同じである。

　天照らすまことの光地によぶと
　わが祈り言《ごと》は平和の祈り

という五井先生の短歌がある。始めは天上界に光り輝く光明を地に呼ぶためであったが、この歌を発表してまもなく、五井先生は、「もう天上界の光は地上に降ろされた」とおっしゃった。約束事が成就して、光の道がついて、どんどん光が降っているということである。

「神は一神であって多神であることを忘れてはなりません。

またわれらの祖先や先輩霊が、人類救済のために、一心にわれらの本心開発の指導者として働いておられることを忘れてはなりません」と五井先生は宗教者に注意を促しておられる。それは五井先生を神我一体者として仕上げるために、五井先生の友人、弟たち、たくさんの心霊、神霊方が熱烈に指導してこられた事実を物語っている。

まず五井先生自身が「世界人類が平和でありますように」と祈ってみて、世界人類を救済せんとする神々の大光明が、この祈り言のもとに輝きわたっていることを発見された、と思うのである。

それが日を追うごとに明らかになってきたので、いよいよ白光誌に文言として「救世の大光明」の働きを発表されたのだと思う。

私自身、「この祈りは五井先生と神界との約束事で、この祈りをするところ必ず救世の大光明が輝き、自分が救われるとともに、世界人類の光明化、大調和に絶大なる力を発揮するのです」という言葉に、どれほど励まされ、尻を叩かれ、そして私の内なる菩薩心を自覚させられたかわからない。

この文言を一途に信じて、今日まで私は祈りつづけてきた。個人人類同時成道、往相《おうそう》と還相をかねそなえた世界平和の祈りの大光明に、私のもろもろの想いを投げ入れて、どれほど私自身が光明化されてきたか。人類の業想念の光明化に絶大なる働きをさせていただいているということに、どれほど喜びを感じ、どれほど崇高さ、ありがたさを感じてきたことか。

この短い文言がなければ、私の祈りはマンネリとなってしまっていただろう。救世の大光明、世界平和の祈りの中に、あらゆる業想念を投げ入れつづける、自分を投げ入れつづける、ということはできなかっただろう。

まがりなりにも私が今日あるのは、この五井先生と神界との約束事、救世の大光明のあったおかげである。

祈りの三つの効果

五井先生は、世界平和の祈りには、三大効果があるとして、次のように指摘された。

一つは、人間の心を去来する業想念を、そのたびに世界平和の祈りの中に入れつづける、ということによって、潜在意識が光明化され、いつのまにか個人の安心立命を得させるということ。

二つには、祈るたびに祈る人の想念が潜在意識を突き抜け、神意識、救世主の光明世界に飛び込んでゆく。幽体霊体というものは、幽界霊界で一つに通じ合っているものであるから、一人の人間が肉体界から神界まで祈りの想いで突き抜けた、その業想念の割れ目を通し、神の大光明が幽界霊界を縦から横にひびきわたった。これによって幽界霊界が浄められてゆき、人間の思想想念が自然と浄化されてゆく。

三つには世界平和の祈りによって純化されたところに、神霊や宇宙人（天使）が地球救済のために、その姿を現わし、国々を現実的に真実の平和の道に導き入れる、ということになっ

郵便はがき

恐縮ですが切手を貼ってお出し下さい。

418-0102

静岡県富士宮市

人穴八一二－一

白光真宏会出版本部

愛読者カード係

出版物等のご案内をお送りいたしますのでご記入下さい。

ふりがな ご氏名	年齢 才	男・女

〒

ご住所

Eメール：

ご職業	ご購読の新聞名

お買い求めの書店名	以前に愛読者カードを送られたことがありますか。 ある（　　年　　月頃）：初めて

愛読者カード

■ご購読ありがとうございました。今後の刊行の参考にさせていただきたいと思いますので、ご感想などをお聞かせ下さい。

＊お手数ですが、書名をお書き下さい。

下記ご希望の項目に○印をつけて下さい。送呈いたします。

1. 月刊誌「白光」 2. 図書目録

本書をお知りになったのは	1. 書店で見て 2. 知人の紹介 3. 小社目録 4. 新聞の広告（紙名 ） 5. 雑誌の広告（誌名 ） 6. 書評を読んで（ ） 7. その他
お買い求めになった動機	1. テーマにひかれて 2. タイトルにひかれて 3. 内容を読んで 4. 帯の文章で 5. 著者を知っている 6. その他
月刊誌「白光」を	毎月読んでいる 読んでいない

白光出版をご存知でしたか。初めて：知っていた：よく買う
☆以前読んだことのある白光出版の本（ ）

ご協力ありがとうございました。

ている。

昭和33年の白光誌3月号に、五井先生は発表されている。

現在、もっとも必要なのは人類の幽界に溜まった業想念を浄めることである。祈る人が多くなればなるほどその肉体を通して救世の大光明は強まり、人類の幽界霊界の地球や人類を破壊しかねない業想念を浄め、光明化し、地球と人類を大調和させる方向に導いてゆく。

私たち世界平和の祈りを祈る人は、今、その尊い使命を果たしつつある。寝ても覚めても「世界人類が平和でありますように」と祈り、肉体を救世の大光明の器として使ってもらうことを、私たちは最大の喜びとし、最大の感謝としているのである。繰り返すけれど、それは「この祈りは五井先生と神界との約束事である」という短い言葉が、強い鍵になっているのである。

第12章

自分をゆるし自分を愛す

自分という尊い存在

人類の基本単位は個人です。

人類が七十億になろうと、百億になろうと、その基本単位に変りはなく、個人の人間が基本です。

個人とは自分のことです。

自分ということは、あなたであり、私であり、皆様方一人一人であります。

一人一人の自分の上に、人類が成り立っている、人類世界であるわけです。

つきつめれば、自分が人類でもあるわけです。

自分が調和しなければ、人類は調和しないし、自分が平和にならなければ、人類は平和にならない。世界平和、人類の平和が持つ鍵は自分にあります。

また自分の運命は、自分の想いと行為がつくり上げてゆくものですが、一人一人の運命がより集って、国の運命をつくり、そして人類の運命をつくり出してゆきます。個人の運命は人類の運命につながり、極言すれば、人類の運命に影響を与え、左右するものでもあります。

それほど、自分という存在は重大な存在であります。また自分の想い、行為というのは実に、重要なものであります。

自分というものが、世の中で一番尊いものである――そういう意味で、お釈迦さまは、天上天下唯我独尊、とおっしゃったのでありますし、五井先生は、神の分霊、神のいのちそのものである、とおっしゃったわけです。

自分をゆるし自分を愛す

人間修行は、世界人類の平和を唱え、平和活動をしていても、結局は「自己完成」という点に帰ってまいります。

五井先生ほど「自分」というものを重大視された方はないでしょう。

その証拠に、自分をゆるし、自分を愛し、と、いつも自分というものを真っ先に持ってこられています。

人との調和が、ということはよく言いますけれど、その前に、自分との調和とおっしゃっています。

自分を愛するということを、自我小我を愛することと思って、自分を愛するなんてとんでもない、自分というのは執着のもとで、自分よりまず人だ、と言います。あるいは、自分なんてとんでもない、まず神さまを愛することだ、と言います。

自分に厳しく、人にやさしく。

人を愛しなさい、人をゆるしなさい。

とは、誰でも言うことです。

けれど、五井先生は、まず自分をゆるしなさい、自分を愛しなさい、と人より先に、自分を持ってこられました。

自分をゆるす、ということは、自分を愛することと一つで、「自分をゆるす」という作業、その行為がそのまま「自分を愛する」ということになります。

「自分」を愛する、という「自分」は何かと申しますと、神の子、神の分霊、神の光そのもの、神性をさして言うわけでして、つまり神ということです。

こういう自分が、本当の自分の姿でありまして、この本当の自分の姿というものに、あらゆる想いが一つになる。意馬心猿《いばしんえん》、つまり走る馬、騒ぐ猿のごとき想いは制しがたく、てんでんばらばらだった想いが、真実の自分に一つになってしまう。帰一する、ということが「自分を愛する」ということです。

一つになるということは、神から離れて自分というものがあるのではなく、自分と神とは一体、一如である、ということです。

そういう状態になるのが、人間にとって一番幸せな状態であり、一番平和な、一番安らかな、調和した状態であるわけです。そしてまた、一番強い、強力無比なる状態でありますし、最もエネルギーに満ちた、誰にも負けない、強い生命力にあふれた状態でもあります。

感覚的な言葉で表現すると、なんとも心地よい、気持よい、さわやかな、清々しい、嬉しい、天地をドーンとつらぬいた、という感じであるわけです。

そういう心の状態になるには、どうしたらよいか、五井先生の教えに従って、お話をすすめてゆきましょう。

神さまにお返しなさい

こういうお話は何回もお聴きになっているでしょうし、何度もご本でお読みになっていることでしょう。耳にタコができるくらい、と思われるかもしれません。

しかし、聴いたことを自分で実験して、経験しませんと、自分のものになりません。

人は経験する分だけ、した分だけ、ハッキリと知ります。知るということは、からだで悟る、ということでもあります。

ですから経験しないことはわからない、というのが本当でしょう。

人生に起るもろもろの事件、事柄というものは、いいものも悪いものも、すべて引っくるめて、私たちに経験すべきものとして、現れてきているのだ、と私は思っています。

特に、自分にとって、辛いこと、悲しいこと、苦しいこと、痛いこと、切ないこと――こういうものごとほど、よい実験材料はありません。

ですから、一つ一つの事柄をなおざりにせず、いい加減にしないで、耳にタコができるほど聴いたものを、できることから実行してゆくことが大切だと思います。

私は、今、その実験最中、体験最中でございます。

自己嫌悪感、というのがあります。自分で自分がいやになる。情けなくなる、そんな自分の顔など見たくもない、という感じに陥る状態です。

かつて私にはしば〱ありました。激しく落ち込んだものでした。さかんに自分を責めさばいておりました。

自分を責めさばけばさばくほど、自己嫌悪の渦の中に巻き込まれていきまして、どうにもならなくなり、そうなっては、底にじっと沈んでいるより仕方がない、時期が来れば浮び上がるだろう、とあきらめと期待の入り交じった想いで、沈んでいたことがありました。

そうすると、いつの間にか浮び上っております。浮び上ってはおりますが、問題を真実に解決したわけではありませんから、同じような事柄にぶつかると、又沈んでしまう、ということを繰り返しておりました。

これではいけない、と奮起いたしまして、新しい目で、五井先生の著書を読み、ある頁できっかけをつかんで、自分を責める想い、さばく想い、嘆く想い、情けない自分、悪い自分、というものを、神さまにお渡しすることを始めました。

自分のいやなところ、欠点、自己嫌悪というものを、自分の想いでどうこうしようと思ってもできないものだ、と、これは自分の今迄の経験上からよくわかりましたから、自分でどうこうしよう、ともがくのをやめました。

その代わり、そうした想いというものを、自分のような顔をして出てくる想い、というものを、一つ一つ、目に見えない両掌にのせまして、神さまにお返しすることにしました。

「そうしなさい」とご本に書いてあったからです。

世界平和の祈りをして、世界平和の祈りをすると降りてくる大光明の中に、蒸気機関車の釜に、石炭をほうり投げるように、投げ入れたのです。光明にお渡ししたのです。

今迄は、自分で自分の想いをなんとかしよう、浄めよう、と思っていたのです。

その自分も「神の分霊の自分」「神の分けいのちの自分」「神そのものである本心の自分」ではなく、想いの自分で、悩んだり、恐れたり、嫉妬したりする、そういう想いと同じレベルの自分、同じ波長の自分が、なんとかしよう、と思っていたわけです。

自分を深く愛する

すごい泥水をかぶったあと、それを落すのには、最初はドロ水で洗い流すことが必要だそうでして、そういう意味では、なんとかしよう、ともがいていたことは無駄ではありませんでした。

けれど、最後の、きれいな水を流す、きれいな水で洗い流す、ということができていなかったのです。

そのきれいな水が、救世の大光明であり、守護霊守護神の光明のお浄めでした。

このきれいな水で洗ってもらうため、よごれたものを、祈りを通して、神様の中へお返しをする、ということをしたのです。

私自身の仕事は、神さまの大光明の中に投げ入れること。そこまでで、あとの浄める、洗い流す仕事は守護霊守護神、救世の大光明がする仕事。

と仕事の分担を明らかにし、あとは、神さまにおまかせする――そして、ひたすらお渡しつづける、投げ入れつづける、ということをいたしました。私の気のすむまでいたしました。その結果、私の心は軽くなり、楽《らく》になりました。責めさばく、ということをしていた分、神さまに投げ入れる、という作業になったわけです。

当然、責めさばくことが少なくなり、私は大きく大きく自分をゆるして、神さまの中に入っていけたわけです。

これを一つ一つ、繰り返し行うことによって、以前だったら、すぐ自分を責め、さばいて自己嫌悪に陥っていたものが、そうではなくなりました。神さまをひたすら想いつづける、神の光明を観じつづけることに変っていったのです。

自己嫌悪感は見事になくなりました。あったとしても、そのとば口まで来るだけで、あとは神さまの光明の中に、自分の本心の中へ帰ってゆくことができるようになったのです。

これは私にとっては大きな救いであり、喜びであり、光明となりました。

神さまの前で、いつも裸の心でいられればいいわけです。裸の心になるということは、自分の全部を見せるわけです。ごまかさないで、自分をじっと見る、ということでもあります。

自分をじっと見つめて、神のみ心にふさわしくないものを「これは私本来のものではない。消えてゆく姿のものである」と神さまの大光明の中に、言葉としては〝世界人類が平和でありますように〟でもいいし、五井先生！　という唱名でもいい、ともかく大光明の中に入れる。これをつづけることが、いつも神さまの前で、裸の心でいられて、恥ずかしくない、という状態に持っていってくれます。

「私はこれだけのものです、しかし一生懸命、神さまにお祈りして、想いを投げ入れつづける努力をしています。どうぞこれでかんべんしてください」

という心はウソ偽《いつわ》りのない、裸の心であります。

神さまのみ心、神さまの大光明の中に「投げ入れる」「お渡しする」ということは、あらゆる物事を消えてゆく姿と観るのと同じことです。消えてゆく姿であると観て、なおかつ同時に、それを浄化させてゆく、光に変えてしまう、ということをやっているわけです。

ですから、心はだん〳〵そして、どん〳〵と明るく、軽くなってまいります。

自分を愛することが深くなると同時に、自分を貴び、尊敬する想いも深くなってまいりました。自分を信ずる、ということもできるようになりました。独尊――ということがわかるようになってまいりました。これは五井先生の教えの実践の有難さであります。

まだまだ自己完成ができておりません。今自己完成を目ざして、精進しているところであります。

縛りをゆるめる

自分自身を縛りつけているのは、自分の想いである。

自分を不自由にさせているのも、自分の想いである。

自分が完全にすべてから自由になるためには、自分をゆるすことである。徹底的にゆるすことである。

ゆるすとは、自分の想いで縛りつけている自分を解放してあげること。自縄自縛をほどくことです。

人間は自分の想いで、つまり把れの想い、あやまった人間観、神さま観で、長い間、自分を縛りつけていた。きつくきつく縛っていた。そのしばりを、ゆるめることであります。

きつく締めているものは、一度にはゆるめられない。あまり強く長いあいだ、握りしめていると、自分の掌であっても、自分の掌をあけられないことがある。それと同じです。

別の表現をすれば、習慣の想いの故《せい》です。

長いあいだ、きつく締めていたから、徐々に徐々にゆるめていかないと、その縄はほどけない。

縄をゆるめてゆくこと、それが「ゆるす」ということです。

ではどうゆるめるのか?

それは、今迄、自分が悪い、自分はダメだ、自分が足りなかった、といちいちの行動、いちいちの想いに対して、自分を責め、自分を咎《とが》めていた、その想いの方向を変えることであります。

五井先生はこう変えてくださいました。

あなたが悪いのではない

大体の人は自分が悪いと思っています。だから、五井先生にその悪いところを指摘されるんではないか、そう言われても仕方がない、というような気持で、先生の前に座る。ところがその先生の第一声が、

「あなたが悪いのではない」というゆるしです。この一声で、みんなの心はゆるむ。

「お前が悪い。お前の心の持ち方が悪かったから、こうなった」とはかつて五井先生に一度も私は言われたことがない。一度もない！

「今のあなたがしてしまったのではない。

みな過去世の真理を知らなかったときの想いが、今、本心の光に照らし出されて消えてゆくところなのだ。

あなたが悪いのではない。他人が悪いのでもない。世間が悪いのでもない。業想念が悪いというのでもない。ただ業想念が現われて消えてゆくところなのだ。

想いというのは、想ったことが法則的に結果として現われてくるのであるが、形の世界に現われてしまえば、その想いの原因となったものは、そのとき消えてしまうのである。

原因は結果として現われることによって消える。そして再び現われてこないのだ。

だから自分が悪い自分が悪い、と責めさばかないで、過去世の業が今現われて消えてゆく

ところだ。守護霊守護神さんが消してくださっているのだ。消えてあとは必ず本心が現われて光り輝く、必ずよくなる。丁度チブスを患ったあとは、すごく健康体になると同じように、あとは必ずよくなるのだ。

その為に守護霊守護神がいて、一生懸命、光を送って運命を修正し、よい方によい方にと導いてくださっている。だから守護霊守護神の導きと守りを信じて〝消してくださって有難うございます〟と、光明体である守護霊守護神さんのことを想いつづけなさい。

あなたが悪いのではない、誰が悪いのではない。みな現われて消えてゆく姿なのである」「今のあなたは悪くない」と言われて、悪い悪いと思っていた自分が、まずゆるされます。過去世の業ということで、今の自分から切り離していただいて、心が軽くなり、ゆるされます。

そして守護霊守護神が守っているのであるから、必ずよくなる、と教えられて、希望が湧き、守護霊守護神に守られていると聞き、安心する。そして感謝するようになってゆくと、一途に神のみを想いつづけるという、想いの方向づけをしていただいて、神の中に想いが素直に入っていきます。

それにプラスして、世界平和の祈りの大光明に、あらゆる想いを投げ入れる方法を教えてくださいました。そしてすべてを救ってくださる、という安堵と安心をいただき、自分を責める想いが出てきても、自分をとかく批判し非難する想いが出ても、それらを大光明に投げ入れることによって、責めさばくという習慣の想いから遠ざけてくださる。

のみならず、人類の光明化に一役も二役も使っていただける、という積極的な生き方に自然となっている。

だから祈り祈り、祈りをつづけることによって、どんどん自縛のしめつけがゆるくなり、あるときそれがズルリとほどけて、今度は自分を愛する、という心が湧いてくる。

本心の自分、完全円満なる神の自分、光明そのものの自分、純白なる本心、自性を認識できるようになり、すべての想いを「愛する」という行為を通して、真実の自分、神なる自分に合体統一させてゆくようになる。

自分をゆるさない、ということが、どれだけ自分の心を閉ざし、自分の神性をかくし、自分の本来性の自由自在心を制限してきたことか。

自分をゆるさない、自分をゆるせない心が、どれほど自分を病気にさせ、自分を不幸にさせ、自分の能力を否定し、神の自分を否定し、盲目にさせて、自分の本来性を現わさせてこなかったことか。

罪意識がゆるされる

昔、イエス・キリストが〝汝の罪ゆるされたり〟と宣言して、多くの人々の病気を治し、霊的障害を取りのぞいてあげました。

すると旧来の宗教者が、

「なんの権威があってゆるせるのか?」

とイエスをとがめた。

イエスはこう答えた。

「神の子の権威をもって」

その神威あふれる言葉に、誰も反論できなかった、と言います。

私たちも、人間の真実の姿、神の分霊、神の子の立場に立って、真理を知らなかった過去世の想念《おもい》に気づき、今、悔い改めている自分に「汝の罪ゆるされたり」と宣言してあげたらいい。

すると、自分の中の想いが「なんの権威があってゆるせるのか?」と反問する。

その勢いがあまりに強いために、おどろいた神の子の自分がかくれてしまう。かくれてしまうので充分に力を発揮できず、ゆるせず、過去と過去世の自分をつかまえ、責めさばきをやめない。

そういう状態が現状でありましょう。

キリストの事蹟を聖書の中で見、五井先生のご指導をじかに間近で見て、また自分自身の想いの動きを見て、人間の罪意識がいかに人間の生命の働きを縛り上げ、行動の自由、精神の自由、心の自由を奪っているか、よくわかります。

〝汝の罪　ゆるされたり〟と赦されて、病気が治癒されるということは、病気になる原因が罪意識にあるのであり、自分で自分を処罰し、罰しつづけている、ということである、とよくわかります。

その意識を、キリストの光明によって、一挙に破砕され、消滅させられたので、忽ち病気は癒え、身体の不自由が消滅し、憑依現象もなくなったわけです。

人間のもろもろの不幸災難の原因の中で、最たるものは、罪意識とその把れでありましょう。すべてはそこから発しています。

完成のステージ

一般民衆の意識のレベルの低さもあったでしょうが、罪意識を植えつけたのは、真理を真に理解しなかった、神の慈愛に欠けた宗教教育によるものであると私は思います。

その罪意識により、神と人間とのいのちの橋が分断され、自由に交流できなくなり、人間の孤独感が生まれた。それによって不安恐怖が強化されてしまった。そして、神と自分とのあいだを、ますます引き離してしまったのでした。

いつのまにか、神と人間とは一体になれないもの、神と人間とのあいだの乖離《かいり》は取り戻すことのできないものだ、という、神への恐れ、おびえのようなものが生じてしまった。

これが原罪意識というものかもしれません。

この罪意識のおびえを、自分を処罰することによって、消滅しようとしたのです。病気になって苦しむことによって、不幸になって自分を痛めつけることによって、罪がゆるされると、償《つぐな》いを己れに課していたのでした。

こうした罪の償いという感覚のある限り、つまりこれぐらい苦しんでも仕方がない、当然だ、という感覚がある限り、人間から苦悩、痛みは消滅しないことになります。

いかにキリストが媒体に立とうと、仏菩薩が仲介役に立とうと、人間の心の底から、神への不安、罰されることからの恐怖は消えません。

だから一般大衆は、いつまでたっても、神に対して親しみも、愛情も持てない。神と人間とのあいだの不和がつづくのです。神にそむいたのだ、という意識を、過去の宗教教育によって育ててしまったのでした。

そのため、神を敬いつつも、神を畏《おそ》れ、つねに誤まるまい、間違えをしまい、と天罰仏罰に戦々兢々として、いのちを小さく縮めて生きてきてしまったことは、なんとも悔しいことであります。

しかし、間違った宗教教育によってそうなったのだから、正しい宗教教育、正しい宗教真理を説き聞かされることによって、その間違いは是正できるということです。永劫に間違ったままではあり得ません。

そこに過去の種々さまざまの聖者、覚者の出現がありました。その出現は、人類を救う慈悲の働きの守護神方の働きかけによって、各世代世代に実現したのでした。

二十世紀、六劫から七劫という完成のステージに地球も人類も昇化するときにあたり、五井先生が現われました。そして過去及び過去世の一切の罪、不完全をゆるしてくださいました。

「あなたが悪いのではない。過去世から現在にいたる、真理を知らなかった想いが、今、現われて消えてゆくのであるから、消えてゆくのであると思い、その想いをあなたを守り導いている守護霊（先祖の悟った霊）守護神さんの光明で浄めてもらうのです。

あなたは神の子なんだ。神の分霊なんだ。

あなたは光り輝いているものなのだ」

とおゆるしくださいました。

「世界平和の祈りの中に、すべての想いを投げ入れなさい。祈りに働く救世の大光明がすべての業想念を浄めて、消してくださる。

罪の悪もないのだ。皆消えてゆく姿である。あなたは神の子であり、光り輝いた神の分霊なのである」

と教えてくださいました。

ことごとに私たちの潜在意識に吹きこんでくださった。録音テープの原理と同じで、新しく吹き込まれるたびに、旧来の想いは消えていきました。光の波が闇を消したのです。

私自身に宣言する

その教育の結果、今、私は私自身にこう宣言します。

過去世のある時代において、私は真理を知らなかった。
しかし、今、五井先生の説く真理に出会い、私は真理を知ることができた。
こだわっているのはみな過去のことだ。
過去はすべて現われては消えてゆく。
過ぎ去ってゆく。
過去はない。
過去は光の中に消えた。
今、私は光の中にいる。
すべてをつつみ融《と》かしてしまう神の愛の中にいる。
神は愛なのだ、神は無限のゆるしなのだ。そして神は光なのだ。
私はつねにその神の無条件の愛と、大光明の中に生きている。
しかも守護霊さん守護神さんに守られて
つねに導かれて生きている。
過去はない。過去はすべて消えてゆく。
どんな苦しみも、どんな失敗も、どんなあやまちも
神の大愛、神の大光明によって洗い流される。
洗い流されない罪というのはない。
神さま有難うございます。

守護霊さん守護神さん有難うございます。
世界人類が平和でありますように
日本が平和でありますように
私たちの天命が完うされますように
五井先生有難うございます。

かく宣言して、いのちを宣《の》り出して、たゞたゞ神の大光明のほうに、神の大愛に心を向けて、感謝を捧げ、世界平和の祈りを祈りつづけてゆけば、かくれていた本心、本来の自分が輝き出してきます。

これがつまり「ゆるし」です。

過去の経験は、すべて魂の成長の為に必要な学びでした。

苦しかったこともある。辛かったこともある。心の中で泣き、悩みつづけたこともあります。

そういう経験を通して、肉体が意識しようとしまいと、魂は自然に自分の軌道修正をしているのでした。

それに守護霊守護神さんのご加護があって、五井先生のお導きがあって、過去の課題をすべてクリアしてきました。

新しき人生

今、私は新しい光の人生を始めている。

永遠の生命の人生を歩み始めている。

自己処罰を一切せず、そうした償いをもせず、神の大光明、神の大愛の中に飛び込む、という人生を歩んでいます。

世界平和の祈り、感謝の心によって生まれる、平和の創造エネルギー、感謝の安らぎと進化のエネルギーを放出し、自分の人生を創造進化させていただいています。

神さまは、人間をご自分の姿に似せて創られました。そして私たちの中に、ご自分を個別化されて、私たち一人一人のいのちになって生きておられます。

神さまは私たちの内にいます。

神さまは私たちの中で生きている。

私たちの本質は霊的存在であり、永遠性のものであり、神そのものである。

私たちの心、私たちの性格は、愛であり、調和し、情け深く思いやりがあり、勤勉で、純真で、誠実で、律儀で、清浄そのものである。自由無礙である。

この世に、いろいろな宗教宗派がありますが、すべての宗教に共通している真理は宇宙神、絶対者から来たるものです。

それは神は愛であるということ。

愛はゆるしであり、ゆるしはすべてのカルマから人間を解放し、自由自在なる存在にさせる、ということ。

ゆるしは、人間を光明燦然と輝く存在であることを、自覚させる力です。

人間一人一人を真実の姿に目覚めさせるのに、必要なエネルギーです。

自分をゆるせて、はじめて自分を愛せる。

自分を愛せて、人間は真実、神となる。

終章　神意識

永遠のいのちの自分

自分というものが、自分にとっても、人類にとっても、一番大事な存在である、と五井先生はよくご存知で、自分をゆるす、自分を愛す、自分との調和、ということを説いてこられました。

自己完成というものが、すべての根本になっていて、自己完成がそのまま、他のあらゆる面での調和生活を生み出すものであるからです。

自己が完成されないで、他への平和と調和の働きかけというのは、どこか無理があったり、調和ではなくて、妥協であったりします。

といって、自己が完成されなければ、他への働きかけができないのか、というと、そうではありません。

つねに自己を磨きつつ、他への働きかけをしてゆくことはできます。

自己完成だけに時間をかけすぎますと、他へは何らの働きかけもできないままに、この世の生涯が終わってしまいますので、五井先生は、自己完成の道と、他との調和、つまり他への働きかけとが一つの道でできる、それも同時にできる方法を開いてくださいました。

それが「人間と真実の生き方」で、「個人も人類も真の救いを体得出来るものである」と結ばれているとおりのことが、現われてくる生き方です。

自分との調和の「自分」というのは、本心つまり神の分霊、神そのものの自分のことです。我利我欲にまみれた、自己中心の自分ではありません。迷ったり、悲しんだり、悩んだり、苦しんだり、憎んだり、呪ったり、人を傷つけたりする自分ではありません。

宇宙絶対のエネルギーに根源を置いている自分。大調和である神から発せられた光の一筋の自分。大生命から絶え間なく流れている永遠のいのちの自分。この自分です。

この自分が真実の自分であり、その他の自分というのは、虚仮《こけ》であり、ただ単なる想いにすぎないものです。

泡のごとく、夢のごとく、現われては消えてゆく想いにすぎないのです。

苦しんだり、憎んだり、恨んだりするのは、実は苦しい想い、憎む想い、恨む想いがそうさせているだけなのです。

苦しむ想いが苦しむのであり、憎む想いが憎むのであって、その人自身が苦しんでいるのでもなければ、憎んでいるのでも、迷っているのでもないのです。

神の子である自分も、迷ったりする自分も、普通ごちゃごちゃにして、これを自分と見ています。だから混乱してしまうのです。明らかに自分が分裂している状態です。

つねに相反するものが対立している、というのが人間だ、と思っているわけですが、そうではないのです。

愛の裏側は憎しみである、というような想いの状態。楽あれば苦もある、という人生、それらは業生《ごうしょう》であります。

これではいつまでたっても、人は救われません。

つねに心のなかで対立し、相争って、自分が傷ついているわけですから、心は癒されないし、安心いたしません。

こういう状態は、自分が調和している状態ではありません。

自分との調和とはどういう状態か?

恨み、憎しみ、悩み苦しむ、という想いがすべて、世界平和の祈りの光によって浄化され、純化されて、直霊の自分に想いのすべてが統一、統合されている状態を言います。

おおよその人間は、心が分裂を起こしているようなものです。

愛したいと思うけれど、何か自分のなかの想いによって邪魔されて、愛せない。

酒やタバコを断ちたいと思っても、断ちきれない。

病気になどなりたくない、と思っているのに、病気になってしまう。

貧乏したくないのに、貧乏してしまう。

人の上に立ちたいのに、いつも人の下に立たされてしまう。

誰とも仲良くしたいのに、仲良くできない。

争いたくないのに、つい人と争ってしまう。

結婚したいと思っているのに、結婚できない。

明るい心がいいとわかっているのに、すぐ沈んでしまう。

数え上げてゆきますと、自分の「想い」とまったくちがった状態が、自分の生活環境に現われてくる、ということがこの人生には多いものです。

これは自分の心が調和していないで、心の中につねに争い合っているものがあって、対立しているからです。

健康になりたい、と思ったら、健康になる。

豊かになりたい、と思ったら、豊かになる。

人と仲良くしたい、と思ったら、誰とも仲良くできる。

幸せになりたい、と思ったら、幸せになれる。

それで、そのうえ、自分のしたことが、自然に、すべて自分のためになっていて、人のためにもなっている、という心の状態が、自分と調和している人であります。

宇宙と一体である、と思ったら、宇宙と一体になれる。

「我即神也」と宣言したら、自分が神そのものになっている。

一人一人の人間がそうなってこそ、世界の平和、人類の調和が成り立つ、というものです。

五井先生の意外な言葉

ではどうやって調和させていったらいいのか？

私個人のことですが、私は人見知りをするほうです。列車や飛行機に乗って、隣りの人に声をかけてすぐ打ちとける、などということはよくできません。

けれどそれではいけない、と思いまして、それを直すためには、反対のこと、つまりどんどん人に会うこと、嫌がらないで会うようにしたほうがよい、と思いまして、少しづつそんな方向に向かって努力しておりました。

あるときのことです。五井先生にそんなことをお話しましたら、

「高橋くん、高橋くんはそんなことをするよりも、人に寛容になることだよ」

五井先生が一言、そうおっしゃいました。

私には意外なお言葉だったものですから、それを聞いて、肩に入っていた力がスーッと抜けたように感じました。

欠点を直そう直そうと思って、欠点ばかりをつかんでいたのに気づきました。

寛容になりなさい、ということは、私が寛容でなかったから、そう五井先生に指導されたわけです。でも私はそうは取らなかったのです。

言葉のタイミングと言うのか、今まで自分でつかんでいた想いを手離すキッカケになったこと、それがよかった。それで「そうか、それならできる」と思ったのです。

五井先生に想いの方向をフッとそらされたという感じです。合気道で言うと、入身でかわされて、気持ちよく投げられたという感じです。

寛容ということは、心を寛くして、人を受け入れる、ということです。

私はそれまで自分の感情の動きばかり、欠点ばかりを神経質に見つめ、自分を狭くしていました。自分のことばかり考えていました。

だから自分の器が小さく、狭くなって、人を容《い》れる余地などなかったのです。

人を容れる余地、つまり人が隣りに坐れる場所、一人用ベンチではなく、二人用三人用と増やし、三百人収容のホール、そして千人万人を収容できる大スタジアム、というように拡大していけば、多くの人を受け容れることができます。

そうすれば私の中に、人々がゆったりと坐って、穏やかに話し合ったり、世界平和のために祈ったりすることができます。

心のスペース、心の座席数を増やすには、欠点を直す、ということではなく、光明の方向に想いを向ける、ということに気づいたのです。ですから欠点をつかんで克服しようと努力するより、世界平和の祈りをひたすらする、祈り一念の自分になればいい、ということになったわけです。

世界平和の祈りを祈ると、五井先生と神界との約束事によって、そこに救世の大光明が輝きます。その大光明によって、分裂した想い、自分の運命の発展を妨げる想い、自己の向上進化を邪魔する想いは、どんどん浄められ、消えてゆきます。

苦悩があれば、その一つ一つを世界平和の祈りにきりかえる。

悲しみが湧けば、その一つ一つを世界平和の祈りにきりかえる。

個人としては、絶え間ないきりかえ作業をしてゆくことが、自分との調和を完成させることになります。

それはまた同時に、他への平和と光明化の働きかけになっています。

自分をゆるし、人をゆるし、自分を愛し、人を愛す——これを毎日行ってきました。今も継続してやっております。

その結果、神々の光の応援によりまして、自分の中に、神である自分が富士山のように、高く大きく聳え立っているのがわかりました。

世界平和の祈りをする人は、自分との調和の道にのった方々です。

今まだそれが完成されていなくとも、神なる自分に、あらゆる想いが吸収され、またあらゆる想いが神なる自分から放射され、想いのエネルギーというものが統合されていって、かならず自己は完成されます。

私はそれを確信しております。

すべの人の心にある神意識

深層心理の研究は、顕在意識と潜在意識について教えてくれています。人間の全意識を１００とすると、顕在意識はその５％、あとの95％は隠れている、と。氷山にたとえると、海面から顔をのぞかせている氷山は全体のわずか５％で、あとの95％は海面下に沈んでいる、それが潜在意識ということです。

その潜在意識の底に、無意識の層があり、そのさらに底に、超意識という層がある。その超意識が宗教心である——誰の心の中にも、宗教心があり、神意識がある、ということです。

つまり一人一人の心の奥底に、神が実在しているのだ、ということを言っているわけです。

そこでは、人類はみな兄弟姉妹である、とわかっている。

すべてのいのちは一つである、とわかっている。個であって全体である、とわかっている。

人を傷つければ自分が傷つき、同時に、自分を傷つければ、人を傷つけることになる、という世界。

自分を愛するということは人を愛することであり、人を愛するということは自分を愛することである、という世界。

争いもない、憎しみもない、神のみ心そのままの世界、それが誰の心の中にもあるわけです。ただそれに目覚めていない。

目覚めさせるのには、呼びかけることだ、とフランクルという心理学者が言っています。

世界人類が平和でありますように、と祈ること、唱えることは、丁度、深く眠ってしまっている人々の超意識、神意識を揺り動かして、「起きなさい、目覚めなさい」と呼びかけているのと同じです。

いかに自分の潜在意識に、自己破壊の意識があったとしても、呼びつづけ、祈りつづけていれば、かならず消え去ります。

祈る自分自身がまず、平安になってきます。

寛容の度合いも、人類すべてを容れるくらいに大きくなるでしょう。

世界平和を実現するため、地球の調和を完成させるために、自分は欠くことのできない、かけがえのない尊い存在である、とわかってくるでしょう。

私はあせらず、くじけず、忍耐強く、これからも祈りつづけてまいります。

著者が発行を続ける個人誌「五井先生研究」（旧タイトル「神人」）。
すでに160号を超え、貴重な記録を後世に伝える

あとがき

師匠の生涯、そしてその教えについて書くことは、弟子の使命であると言われている。『五井せんせい　わが師と歩み来たりし道』『神のみ実在する　五井先生かく説き給う』とつづき、三作目『神の満ちる星の話』を刊行して、私の使命の一部分を果たしたと思っている。三冊を書き終って感じることは、五井先生は衆生の救い、という立場を終生崩さず、これのみに専念し行じ、その道に挺身された方、ということである。

特別に優れた人のため、人類のリーダーのために真理を説いたのではなく、あくまでこの世に生を受けたすべての者の救いのために、終始説きつづけられた、ということである。

大衆は飽きっぽく、そして難しく面倒なやり方は好まず、安易な生き方を選ぶ。こらえ性がなく忍耐力がない、すぐかんたんに自分たちの望みを叶えたいと思っている。だからなかなか希望が叶えられないと、まだかまだかと催促し、すぐ脇見をする。

だから五井先生は浄土門的易行道という行じ方をとった。〝消えてゆく姿で世界平和の祈り〟と言って、飽きっぽく焦りやすい想いを祈りに転換し、祈りの大光明の中に投げ入れる方法をとった。

私などは凡夫の最たる者であるから、その方法によってやっと安心立命し、世界平和の祈りに含まれている往相と還相の使命を、祈ることによって自然と行じ、喜びと生きる価値を与えられた。

愛は忍耐なり――一言で言えば、これが五井先生の導き方であった。その愛によって、忍耐によって、私たち一人一人は育てられているのである。

五井昌久（ごいまさひさ）
1916（大正5）年、東京に生まれる。1949（昭和24）年、神我一体を経験して覚者となる。1955年、白光真宏会を主宰、「祈りによる世界平和運動」を提唱して国内・国外に共鳴者多数。個人と人類が同時に救われる道を説き、悩める多くの人々の宗教的指導にあたる。また、各界の指導者に影響を与えた「五井会」を主宰し、合気道の創始者・植芝盛平翁や東洋哲学者の安岡正篤師とは肝胆相照らす仲であった。1980年に帰神（逝去）。著書に『神と人間』、『天と地をつなぐ者』、『小説阿難』、『老子講義』、『聖書講義』等多数。

髙橋英雄（たかはしひでお）
1932（昭和7）年、東京に生まれる。高校在学中に肺結核を発病。それが機縁で五井昌久先生に帰依。1954年、白光真宏会の月刊誌『白光』創刊に携わる。以来、白光真宏会の編集・出版に従事、編集長、出版局長、副理事長を歴任し、1999年退任。著書に『如是我聞』正、『武産合気』、『生命讃歌』ほか。

発行所案内
白光（びゃっこう）とは純潔無礙なる澄み清まった光、人間の高い境地から発する光をいう。白光真宏会出版本部は、この白光を自己のものとして働く菩薩心そのものの人間を育てるための出版物を世に送ることをその使命としている。この使命達成の一助として月刊誌『白光』を発行している。

白光真宏会出版本部ホームページ　http://www.byakkopress.ne.jp
白光真宏会ホームページ　http://www.byakko.or.jp

神の満ちる星の話

2017年9月20日　初版

著　者　　高橋英雄

発行者　　吉川　讓

発行所　　白光真宏会出版本部
〒418-0102　静岡県富士宮市人穴812-1
電話0544-29-5109　振替00120-6-151348

白光真宏会出版本部東京出張所
〒101-0064　東京都千代田区猿楽町2-1-16　下平ビル4階
電話　03-5283-5798
FAX　03-5283-5799

印刷所　加賀美印刷株式会社

落丁・乱丁はお取り替えいたします。
定価はカバーに表示してあります。

ISBN978-4-89214-216-1 C0014